KB062499

동봉 스님의

천자문千字文 공부

동봉東峰 스님 우리말 번역 및 해설

도서출판 도반

동봉東峰 스님

강원도 횡성에서 태어나 1975년 불문에 귀의하였다. 해인사 승가대학, 중앙승가대, 동국대 불교대학원에서 공부했다.

법명은 정휴正休, 자호는 일원一圓, 법호는 동봉東峰, 아프리칸 이름은 기포kipoo起泡다.

1993~1997년 BBS 불교방송에서 〈살며 생각하며〉, 〈자비의 전화〉 등 26개월에 걸쳐 생방송을 진행하였다.

동아프리카 탄자니아에서 52개월간 머물며 말라리아 구제 활동을 했으며 한국 불교인으로서는 최초로 아프리카에 '학교법인 보리가람스쿨'을 설립하였고 탄자니아 수도 다레살람에 매입한 학교 부지 35에이커와 킬리만자로 산기슭에 개척한 부처님 도량, 사찰 부지 3에이커를 조계종 산하 '아름다운 동행'에 기증하여 종단에서 '보리가람농업기술대학교'를 세워 2016년 9월 개교, 운영하고 있다.

곤지암 '우리절' 창건주이자 회주로서 책, 법문, 소셜미디어 등을 통해 부처님 법을 전하고 있으며, 특히 〈기포의 새벽 편지〉 연재는 3,000회 가까이에 이르고 있다. 지금은 광주 우리절 주지로서 수행자로서의 삶을 이어가고 있다.

《사바세계로 온 부처님의 편지》, 《마음을 비우게 자네가 부처야》, 《아미타경을 읽는 즐거움》, 《불교 상식 백과》, 《밀린다왕문경》, 《평상심이 도라 이르지 말라》, 《반야심경 여행》, 《법성게》, 《내비 금강경》, 《음펨바 효과》, 《시간의 발자국이 저리 깊은데》, 《동몽선습 강설》, 《디마케터 스님》 등 70여 권의 저서와 역서가 있다.

천자문 들어가는 시

나
우리
아버지
우리 아버지
아버지의 아버지
아버지의 아버지의 아버지
끝없는 아버지의 아버지의 아버지
거기에는 아으! 하늘이 있었습니다.

나
우리
어머니
우리 어머니
어머니의 어머니
어머니의 어머니의 어머니
끝없는 어머니의 어머니의 어머니
거기에는 아으! 대지가 있었습니다.

하늘이라는 랄라Lala와
대지라는 룰루Lulu가 만나
파릇파릇青한 마음忄을 섞었는데
그게 정情이었고
거기서 내가 생기고
우리가 생기고
사랑하는 가족이 생기고
소중한 벗이 생기고
생명이 마구 생겼습니다.

어느 날 벗이 물어왔습니다.
"스님, 질문이 있습니다."
"네, 뭐가 궁금하신지요?"
"네 스님. 십이연기에 대해섭니다."
십이연기十二緣起라면
다른 말로는 십이인연이지요.
두 가지는 같이 쓰이지만
나는 '십이인연'이란 말을 즐겨 씁니다.

내가 되물었습니다.
"십이연기나 십이인연이라면
인터넷 보살에게 물으시면 되는데

어떤 점이 궁금하신지요?"
묻는 자가 답하는 자가 되고
답하는 자가 묻는 자가 되었습니다.
대화對話talk에는
그래서 이른바 갑질이 없습니다.

갑질은 묻는 자는 영원히 묻는 자
답하는 자는 영원히 답하는 자
그 두 상황이 변하지 않는 것입니다.
묻는 자는 언제나 묻고
답하는 자는 늘 답하는 자이지요.
보고하는 자는 늘 보고만 하고
보고 받는 자는 늘 받기만 합니다.

그러나 대화에는 그런 갑질이 없습니다.
한자의 대화對話라는 말은
상대가 있어 주고 받는 것입니다.
주고 받음 속에는 주는 행위자와 받는 행위자가
반드시 정해져 있지 않습니다.
주는 자가 곧 받는 자고
받는 자가 곧 주는 자입니다.

영어 토크Talk 속에
일방적인 것은 존재하지 않습니다.
컨버세이션Conversation에도
컨Con이라는 '함께'의 뜻이 있고
다이얼로그Dialogue에도
다이얼Dial이라는 '둘 이상'이 있습니다.
여기 혼자는 없습니다.

혼자 지껄이는 것은 독백獨白입니다.
곧 혼자獨 중얼거림白이지요.
혼자獨라고 하는 것은 사랑을 키우는 촛불燭에서
촛불火은 사라지고 그 촛불을 밝힐 자리에
애완견犭이 자리한 것입니다.

게다가 중얼거림白이 무엇입니까?
말曰이 수평으로 오가지 못하고
수증기丶처럼 위로만 오르니
모놀로그Monologue는 되겠으나
다이얼로그는 아예 되지 못합니다.

얘기가 옆길로 새고 있습니다.
질문한 벗이 답했습니다.

"글쎄요. 십이연기의 주체가 ―
십이연기의 주체가 무엇일까요?"
"십이연기의 주체요?"
"네. 스님 그게 식識일까요?
무명無明에서 행行이 행에서 식이~
식에서 명색名色이 명색에서~"

십이연기는 곧 생명의 법칙입니다.
생명이 순환하는 법칙이요
한 생명이 그 생명의 윤회 속에서
끊임없이 갈마드는 법칙이고
이 생명이 저 생명으로
저 생명이 또 다른 생명의 세계로
바뀌고, 바뀌고, 바뀌어가는
이종교류의 법칙이기도 합니다.

십이연기에 대해서는
초기불교의 뿌리 줄기根幹이기에
아주 상세하게 다루고 있습니다.
따라서 십이연기를 알면
그는 온전한 불교신자이고
십이연기를 모르면

그는 아직 문밖에서 서성이는 자
곧 문외한門外漢이라는 것입니다.

그런데 나는 내게 궁금했던 점들을 물은
그 벗의 생각이 충분히 이해됩니다.
절집에 들어온 지 만 44년을 맞이하지만
나는 아직 십이연기를 모릅니다.
설명이야 얼마든 가능하겠지만
솔직히 내면의 세계에서는
아직은 '모름'이란 불이 깜빡거립니다.

그러나 내가 통째로 이해하는 십이연기는
생명 순환의 법칙 중에
이보다 완벽한 건 없다는 것입니다.
이 십이연기를 제대로 안다면
이 속에 생명의 질긴 역사와
생명과 생명들의 관계성과
생명과 환경의 세계와
환경이란 공간과 시간의 역사가
술술 풀릴 것이라 믿습니다.

분명히 얘기합니다만 십이연기는

식에서 비롯된 게 아니나
식을 떠나서는 설명이 불가능하고
분명 무명에서 비롯되었지만
무명 저 혼자 만들어낸 작품은 아닙니다.

차 례

천天지地현玄황黃 19

우宇주宙홍洪황荒 32

일日월月영盈측昃 45

진辰수宿렬列장張 58

한寒래來서暑왕往 67

추秋수收동冬장藏 81

윤閏여餘성成세歲 95

율律여呂조調양陽 110

운雲등騰치致우雨 125

로露결結위爲상霜 147

금金생生려麗수水 155

옥玉출出곤崑강岡 167

검劍호號거巨궐闕 180
주珠칭稱야夜광光 194
과果진珍이李내柰 208
채菜중重개芥강薑 222
해海함鹹하河담淡 236
린鱗잠潛우羽상翔 251
용龍사師화火제帝 265
조鳥관官인人황皇 279
시始제制문文자字 294
내乃복服의衣상裳 309
추推위位양讓국國 322
유有우虞도陶당唐 335

천天**지**地**현**玄**황**黃
우宇**주**宙**홍**洪**황**荒

0001 **하늘 천** 天

0002 **따 지** 地

0003 **검을 현** 玄

0004 **누를 황** 黃

하늘이여 가물하고 땅은누르고
우주또한 넓으면서 황량하여라

0001 하늘 천天

수평선/지평선 위로 보이는 드넓은 공간이 '하늘'입니다.
또는 '하느님'을 달리 이르는 말이며
천신 천사 천인을 부르는 말입니다.
기독교의 영향을 받아 하나님이 머무시는 곳
티 없이 깨끗한 낙원의 세계
하늘나라 곧 천국을 일컫습니다.

영어 표현도 다양합니다.
스카이Sky,
디 에어the Air
더 헤븐스the heavens
헤븐Heaven
파라다이스Paradise
갇God 등으로 표현되기도 합니다.

'하늘'을 대표하는 한자는

이 천자문 첫 글자 하늘 천天이고
이 밖에 새김訓이 같고 발음이 같거나 다른 경우가
많이 있는데 한번 더듬어보겠습니다.

하늘 천天/하늘 천靝/하늘 천靔/하늘 천兲/하늘 천芺
하늘 건乾/하늘 건乹/하늘 건漧
하늘 민旻/하늘 민/화락할 민旼
하늘 호昊
하늘 공空
하늘 궁穹/하늘 궁穹
하늘 소霄/하늘 천祆
하늘 소乿/하늘 소鞘
하늘 뜻 어길 와迗 등 아! 많기도 합니다.
그러나 이들 같은 뜻 다른 글자는 푹 줄여서 싣습니다.

우리가 알고 있기로
하늘은 높은 곳 저 위一에 있고
땅은 낮은 곳 이 아래一에 있으며
사람人은 하늘과 땅 사이에 있습니다.
그래서 이를 삼재三才라 하지요.
이는 관상에서 말하는 이마와 코와 턱이 아니라
하늘과 대지와 사람을 일컫습니다.

하늘天과 사람人이 다른가요.
아니오. 아닙니다.
전혀 그렇지 않습니다
이들은 결코 다른 세계가 아닙니다.
한문에서는 같은 세계로 봅니다.

하늘 천天 자를 보면서
화가며 수학자인 레오나르도 다빈치의
비트루비우스적 인간
다시 말해 인체 비례도의
소묘 작품을 떠올리곤 합니다.
두 팔 두 다리를 벌리고 선 사람을
정면에서 그린 작품으로 유명합니다.

그리고 사람 인人 자를 보면
원숭이에서 인간으로 나아가는
인류 진화 계통도를 대한 듯
그렇게 느껴집니다.
걸어가는 사람의 옆모습이지요.

따라서 중국 사람들은 하늘을 표현할 때
공간으로서의 하늘이 아니라

존재자로서의 하늘이었고
존재자는 천인天人이었습니다
그러므로 천인은 하늘이란 공간에 머무는
사람의 모습을 닮은 신인 동시에
하늘에 사는 하늘 사람입니다.

예를 들어 미국에 사는 사람을
우리는 나라 이름을 접두어로 붙여
'미국인' '미국 사람'이라 부르곤 하지요.
마찬가지로 하늘에 사는 사람이기에
'천인' 또는 '하늘 사람'이라 합니다.

그러나 이는 환경을 존재에 곁들여 부르는 예고
그의 직업이나 신분을 그에게 직접 부여하여
부르는 예는 얼마든 가능합니다.
이름은 따로 있지만 아버님, 어머님, 작가님
시인님, 목사님, 군인, 민간인 하듯이 말입니다.

군인은 군軍도 사람이고, 인人도 사람입니다.
마찬가지로 민간民間도 사람이고
인人도 틀림없는 사람의 지칭입니다.
그렇다면 하늘天이 사람人이고

사람 그대로가 하늘인 셈입니다.

동학의 대교주였던 손병희 선생이
동학을 천도교로 재편하면서
인내천人乃天 사상을 내세운 게
지금으로부터 111년 전이었습니다.
인내천은 '사람이 곧 하늘'입니다.
공간 개념이 아니라
하늘의 주재자 하느님을 일컫습니다.

예수 그리스도가 누구입니까.
하느님 아들입니다.
하나밖에 없는 외동아들입니다.
하느님은 가족계획에 앞선 분으로서
예수님 딱 한 분을 두었을 뿐
따님은 두지 않으셨습니다.
아직 자료는 찾지 못했지만
예수님의 누님이나 여동생 얘기도
하느님의 따님 얘기도 들어본 적 없습니다.

그러니 불교에서처럼
모두가 불자佛子라는 보편적 개념은

기독교 예수님에게는 도저히 붙일 수가 없습니다.
예수님이 지닌 특수성 때문입니다.
예수님은 하느님 아들이자
곧 그분의 대리자인 까닭이지요.

법화경에서도 언급하였지만
불교경전에는 천인天人이란 말이
뜻밖에 많이 나옵니다.
이를 하늘과 사람으로 나누어
풀이하는 학자들도 있지만
나는 '하늘 사람'으로 묶어서 풉니다.

하늘은 구체적이지 않습니다.
게다가 중요한 이름씨니까요.
하늘과 땅 해와 달과 별들과
우주와 자연의 질서에 대해서는
지면을 많이 할애해야 할 것입니다.

0002 따 지地

따 곤坤/따 곤堃/따 지埅 막을 방/따 지坔
따 지墬/따 지嶳/따 침埐
땅 이름 반番/차례 번 날랠 파
땅 이름 합陜/좁을 합 좁을 협

'땅'의 옛말은 '따'이기도 하지만
받침 탈락의 법칙에 따라
하늘-하느님
아들-아드님
딸-따님이라 하듯이
우리말에는 경칭을 붙일 경우
앞 이름씨의 받침을 생략하고
뒤에 님을 붙입니다.
땅이 '따'로 발음된 것도 그렇습니다.

우리나라에서는 특히
조선시대에 이르러 남존여비로

남편은 하늘처럼 받드는데
아내는 땅처럼 받들지 않았습니다.
낭군님 서방님은 있으나
아내님 집사람님은 없었지요.
'마누라님'은 요즘 붙인 것입니다.
조카님 아우님도 있지만
남자 아우, 남자 조카가 아니라면
뒤에 님 자를 붙이지 않습니다.

하늘이 신격화되어 하느님이 생기면서
땅에 대한 가이아 이론이 등장합니다.
물론 정식으로 가이아 이론은
1970년대 서양 학자 제임스 러브록에 의해서입니다.

아무튼 땅에 대해서도 신격화된 칭호를 붙입니다.
그것이 따님이었는데
남의 딸을 따님이라 부르게 된 것은
이처럼 땅을 신격화하면서
어부지리로 얻어지게 된 존칭입니다.
땅 지, 땅 곤, 땅 침 등으로 읽지 않고
따 지, 따 곤, 따 침 등으로
지금도 발음하고 있는 것은

남의 딸을 따님이라 부르듯
고어가 아닌 현대어의 높임말입니다.

자연에 대한 경외심이
하늘 땅에만 국한된 게 아니어서
비가 내리는 것을 '빗님이 오신다'고 했고
산, 하천, 불을 신격화하여
산신, 용왕, 조왕님으로 불렀습니다.
토템totem에서 토테미즘totemism이 생겨나고
성황당 숭배도 그렇거니와
땅을 신격화하여 지신, 터줏대감
마을 한 가운데는
마을을 지켜주는 신목이 생겼지요.
이들을 빌미로 하여
남의 딸에게 따님이 가능해졌습니다.

땅은 하늘로 더불어 가장 큰 의지처 중 하나입니다.
그래서 어린 아이들에게도
"넌 엄마 아빠를 얼마만큼 사랑해?"
라고 물으면 아이의 표현은
양팔을 벌리며 자연스럽게 나옵니다.
"하늘만큼, 땅만큼!"

0003 검을 현玄

玄

하늘과 땅이 이름씨名詞였다면
이 검을 현玄 누를 황黃은 그림씨形容詞라고 할 것입니다.
따라서 이름씨보다는 그림씨나 움직씨에 대한 설명은
의외로 간단할 수 있습니다.

그런데 한문은 우리 한글이나 영어처럼
씨가름品詞이 정해진 게 아닙니다.
같은 글자를 놓고도
때로는 이름씨로
때로는 움직씨로
때로는 그림씨로
어떨 때는 어찌씨副詞로
어떨 때는 부림말目的語로
그때그때 상황에 따라 바뀝니다.

참고로 우리나라 문법의 씨가름은
모두 아홉 가지로 분류됩니다.

1) 이름씨名詞

2) 대이름씨代名詞

3) 셈씨數詞

4) 토씨助詞

5) 움직씨動詞

6) 그림씨形容詞

7) 매김씨冠形詞

8) 어찌씨副詞

9) 느낌씨感歎詞

검다는 뜻을 지닌 현玄은 검붉은 빛입니다.
영어로는 다크Dark로 표현되지요.
같은 뜻 다른 글자를 한번 볼까요.
검을 흑黑/검을 유/그윽할 유幽/검을 자/이 자玆
검을 려/검을 여/새벽 여黎
검은 조皁/하인 조/노예 조/검은 조/하인 조皂

0004 누를 황黃

黃

검을 현玄과 마찬가지로
누를 황黃 자도 그 자체 부수입니다.
영어로는 옐로우yellow며 샐로우sallow로서
황금 빛깔을 얘기하기도 하지만
땅의 빛깔을 나타내는 데는
황금색에 가까운 옐로우보다는
누르끄레한, 누르스름한 빛깔인
샐로우가 더 어울리는 표현입니다.
천지란 하늘과 땅이며
하늘과 땅 사이에 있는 세상입니다.
하늘을 바라보니 검붉고
땅 빛은 꺼멓고 누르스름합니다.
하늘이 검붉은 다크빛임은
가물가물하기에 그리 보이는 것입니다.
따라서 검을현은 검다는 그림씨 외에
'가물 현'이라고 새기기도 합니다.

천天지地현玄황黃
우宇주宙홍洪황荒

0005 집 우 宇

0006 집 주 宙

0007 넓을 홍 洪

0008 거칠 황 荒

하늘이여 가물하고 땅은누르고
우주또한 넓으면서 황량하여라

0005 집 우宇

宇

집/지붕/지붕이 도리 밖으로 내민 부분, 곧 처마
하늘/국토/영토/천하/들판/곳/구역
꾸밈새/생김새/도량度量/천지사방
덮어 가리다/비호庇護하다
크다/넓히다 등으로 그 뜻이 다양합니다.

집 우宇 자는 꼴形소리聲 문자로
의미소를 나타내는 갓머리宀와
소릿값을 나타내는 우于가 만나 이루어졌지요.
뜻을 지닌 갓머리는 건물이고
소릿값을 나타내는 우는 "우우~"하고
큰소리를 내는 데서
크다, 크게 굽다는 뜻으로 발전했습니다.

다시 말해서 슬라브Slab로 된 집이나
빌딩 처마가 아니라 한옥, 그중에서도 궁궐처럼
늘씬하게 빠진 지붕 끝 처마입니다.

대웅전 처마도 우宇에 해당하지요
다른 말로 얘기하면 눈에 보이는 건물의 외형입니다.

갓머리 밑의 우于는 어조사 우, 어조사 어로 새깁니다.
어於의 간체자며 우亐의 약자이기도 합니다.
어조사 우/이지러질 휴亐/땅 이름 울/어조사 우亐
탄식할 오/어조사 어於/扵에서 나온 글자지요.

0006 집 주宙

집 주宙 자에 담긴 뜻은 집/주거
때/무한한 시간/하늘/하늘과 땅 사이
기둥과 들보를 아울러 이르는 말입니다.
뜻을 나타내는 갓머리宀와
소릿값을 나타내는 말미암을 유/주由가 합하여
이루어진 글자가 이 주宙 자입니다.
유由는 빠져나가다 내밀다의 뜻으로
지붕이 불룩하게 튀어나온

큰 건물을 주宙라고 합니다.

나중에 우宇와 만나
주宙는 밖에서 보이지 않는
기둥棟이 되고 들보樑가 되었으며
우宇는 외형적으로 드러난
건물의 바깥 디자인이 되었습니다.
또한 우宇는 공간적 확대가 되고
주宙는 시간의 격차가 되어
둘이 만나 마침내 우주가 된 것입니다.
따라서 우주는 눈에 보이는 공간 세계와
보이지 않는 시간 세계, 천지간의 모든 것을 나타냅니다.
곧 여기에는 천지사방이라는 공간과
고왕금래古往今來라는 시간이
고스란히 녹아들어 있습니다.

사전적 의미의 우주는 이처럼 시공간Space-time 외에
세계/천지간/만물을 포용한 대자연
질서 있는 통일체로서의 구조
질서가 있으면서도 매우 복잡하게 엉킨 세계
그 속에 물질과 복사輻射가 포함된
전체적인 공간을 얘기합니다.

0007 넓을 홍洪

하늘 천天, 따 지地가 임자말主語이고
검을 현玄, 누를 황黃이 그림씨이자 풀이말述語이었듯
집 우宇, 집 주宙가 임자말이라면
넓을 홍洪, 거칠 황荒도 그림씨이자 풀이말입니다.

홍洪의 포괄 새김은 넓을 홍이지만
개별 새김은 클 홍이고
큰물 홍이며 홍수 홍입니다.
왜냐하면 '넓음'은 공간 표현이지만
'큼'은 부피 표현인 까닭입니다.

게다가 홍洪 자에는 물을 나타내는 삼수변氵이 있고
동시에 크다는 뜻을 지닌 공共으로 이루어진 까닭입니다.
그런데 삼수변氵을 왜 '삼수변'이라 발음하느냐고요?
물방울, 물의 흐름이 세 개, 또는 세 갈래이기 때문입니다.
물이 얼어 응고되면 어떻습니까?
삼수변氵처럼 흐르지 않고

꽁꽁 언 얼음 알갱이처럼
'똥글똥글'해 보이지 않겠는지요.
따라서 물이 응고된 모습을
이미지화한 것이 이수변冫 입니다.

같은 뜻을 지닌 다른 글자들을 한번 보실까요?
넓을 호, 클 호浩/넓을 막, 사막 막漠
큰물 홍洚/큰물 돈潡/큰물 량, 큰물 양湸
큰 물결 일 운澐/큰 물결 로澇/큰 물결 로涝
큰물 질 음, 망루 암, 숨을 암闇 자 등입니다.

0008 거칠 황荒

거칠 조粗/거칠 추麤/거칠 추麄/거칠 추麁
거칠 고楛/거칠어질 무蕪
거칠 황荒 자는 꼴소리문자로
초두艸, 더벅머리 관丱은 뜻을
황巟자는 소리를 나타냅니다.

형성문자의 형성形聲을 아시지요?
형상 형形자에 소리 성聲 자이듯
한 글자에 이미지와 소리가
함께 어우러져 생긴 글자입니다.

어른이 되어 상투를 틀기 이전
더벅머리, 곧 총각머리는
두 갈래로 땋아 자연스럽습니다.
그러나 아내가 있는 사람만큼
그리 단정하게 꾸미지는 못하겠지요.
더벅머리는 때 묻지 않은 자연스러움이면서
정리가 되지 않은 까닭에
우거진 풀 섶艹과 함께
거칠다고 표현했을 것입니다.

게다가 거칠 황巟 자를 살펴보면
느닷없이 큰물川이 나서
집과 논밭 세간이 다 떠내려가
건질 게 하나 없음亡이니
거칠다고 하지 않겠는지요?

어떤 거사님이 참배 왔다가 법회가 끝난 뒤

다실에서 내게 질문을 던졌습니다.
아니, 질문이라기보다는
되레 질책에 가까웠습니다.
"스님, 스님의 프로필을 보니까~!"
그러면서 나의 눈치를 살폈습니다.
내가 편하게 되물었습니다.
"네, 제 프로파일을 보니까요?"

그가 안도의 표정을 지었습니다.
"스님, 프로파일이 아니라 프로필이오."
그는 나의 영어 발음을 고쳐 주는
친절까지 베풀어 주고 있었습니다.
"스님은 합천 해인사 스님이시네요?
그런데 왜 합천이라 발음합니까?"
"그럼 뭐라고 해야 하는데요?"
"스님. 그게 합자가 아니라 협陜 자, 낄 협자입니다."

내가 그의 말에 추임새를 넣었지요.
"네, 좁을 협/낄 협자가 맞습니다."
그런데 합천으로 하면 안 됩니까?"
"당연히 안 되지요. 스님. 합천 해인사가 아니라
협천 해인사로 고쳐야만 합니다.

스님께선 한문의 대가시잖아요."
"대가는 아니지만 조금 압니다."

그는 내 얘기에는 귀를 닫았습니다.
맞는 표현인가 모르겠는데
사운드 마스킹 시스템이었습니다.
Sound masking system~
시스템 대신 효과를 쓰기도 합니다.
이게 무슨 뜻인가요.

우리가 자주 쓰는 말에
"목소리 큰 놈이 이긴다."가 있지요.
가벼운 자동차 접촉 사고가 났을 때
무조건 큰소리부터 내고 봅니다.
그게 다는 아니지만
많은 부분 먹히고 있습니다.

이런 현상을 사운드 마스킹 효과라 합니다.
큰 목소리가 있으면 자질구레한 잡답은 묻히고 맙니다.
화두話頭를 아시나요? 참선할 때 드는 화두 말입니다.
화두의 기능이 다름 아닌
사운드 마스킹 시스템 효과입니다.

화두는 또 다른 망상입니다.
망상을 없애기 위한 망상입니다.
이 망상을 계속해서 키워가다 보면
자질구레한 잡념들은 화두라는 큰 망상에 묻힙니다.
그때부터는 화두만 들면 되지요
화두를 드는 게 어려운 게 아니라
화두가 전일해짐이 어렵습니다.

이 거사님은 목소리가 컸습니다.
내가 되물었을 때 그는 거의 고함 수준이었으니까요.
"스님, 스님이 해인사 출신이신데!"
내가 해인사 출신인 것과
합천이 왜 협천이 아니고 합천인가가
나와 무슨 상관이 있는 것일까요.
이는 해인사가 합천에 있는 것일 뿐
지역의 행정 이름이란 결코 개인의 것이 아닙니다.
그리고 '합천'은 욕이 아니지요.

합천은 합천이 맞습니다.
'땅 이름 합'자로 읽을 때는
홀이름씨固有名詞이기도 하니까요.
이는 마치 '요산요수樂山樂水'를

왜 '낙산낙수' '악산악수'라 하지 않느냐며
따지고 드는 것과 같은 질문입니다.

하루는 어느 절에 갔더니 큰방에 액자가 걸려 있었고
거기에는 '요선불권樂善不倦'이라 휘갈겨 쓴
고사성어가 있었지요.
내가 그 절 스님에게 물었습니다.
"저 요선불권은《맹자》에 나오는
요선불권 유지경성有志竟成의
그 '요선불권'이 맞습니까?"

그 스님이 웃으며 대답했습니다.
"네, 스님, 제가 저 글을 받은 지가
30년인데 스님처럼 읽는 분은 처음입니다."
내가 되물었습니다.
"다들 '낙선불권'으로 읽지요?"
"네 그렇습니다. 스님."
"뭐 그도 틀린 것은 아니니까요."
나의 천자문 강설을 접하며
어떤 분들은 생각하실 것입니다
"왜 천자문에서 불교 얘기를 하지?
천자문이 불교 글이었나?"

그렇습니다. 나는 불교 수행자입니다.
불교 수행자 입에서는
어떤 얘기라도 불교 냄새가 좀 나지요.

코끼리가 사자 소리를 내지 않고
사자는 까치 소리를 낼 수 없습니다.
같은 현악기라 하여
거문고와 가야금 소리가 같을 수 없고
같은 관악기라 하더라도
피리에서 색소폰 소리는 나지 않습니다.

마음 세계와 달리
형체를 지니고 있다면
그가 내는 소리는 다를 수밖에요.
다르다는 것이 꼭 나쁜 것은 아닙니다.
코끼리 소리를 내는 목사님과
사자 소리를 내는 스님 중
과연 어느 쪽에 잘못이 있습니까.
이는 잘잘못간에 그의 개성이고 정체성입니다.

하늘과 땅이 검붉고 누르고
우주가 드넓고 거칠다는 애기는

앞으로도 좀 자주 나올 것입니다.

왜냐하면 우리가

하늘과 땅을 떠나지 않고

우주의 한 존재로 머문다면

결국 우주와 천지를 논할 수밖에요.

일日월月영盈측昃
진辰수宿렬列장張

0009 **해 일** 日

0010 **달 월** 月

0011 **찰 영** 盈

0012 **기울 측** 昃

해와달은 찼다가는 이지러지고
별과별은 밤하늘에 수를놓도다

동요에 '우주송'이란 게 있습니다

〈우주송〉

우주만물 너무 신기해
알면 알수록 더 알고 싶어
태양계는 8개 행성
각각 행성 특징도 달라 음음

수성 밤낮 기온차 크고
금성 가장 밝게 보여요
행성 순서 나열해 보면
수~금지화목토천해 음음

화성 계절변화
지~구 같~이 나타나고요
목성 크~기 가장 크고
행성 중에 뚱뚱보 행성 음음
토성 많은 고리와 위성
천왕성 축이 누워있어요
행성 순서 나열해 보면
수~금지화목토천해 음음

우주만물 너무 신기해

알면 알수록 더욱 재밌네
우리 은하 너무도 커서
가도가도 끝이 없다네 음음

해왕성~ 표면에 대흑점
명왕성 2006년 행~성 퇴출
행성 순서 나열해 보면
수~금지화목토천해 음음

앞의 '하늘 천天' 자로부터
'베풀 장張' 자까지를 묶어
'우주의 장'이라 나는 명명합니다.
요즘은 위의 동요처럼 우주에 대한 관심이 커서
노랫말로 만들어 불리고 있는데
동요뿐만이 아닙니다.
유명한 가수들도 앞다투어
우주를 소재로 노래를 만듭니다.

사실 따지고 보면 하늘과 땅이 어디에 있습니까.
모두가 우주에 들어있지 않습니까.
그러니 요즘 우주 영화들이
극장가를 화려하게 꾸미는 것도

필연적 결과물일 수밖에 없습니다.

나는 자칭 영화광이라고는 하지만
극장에서 개봉 영화를 보는 예는
2~3년에 한 편 꼴입니다.
전에는 비디오를 통해 보았고
DVD를 빌려 보다가
요즘은 인터넷에서 내려받아 봅니다.

몇 년 동안 본 우주 영화를 살펴보면
아바타2009(상영 연도)를 비롯하여
그래비티2013와
인터스텔라2014는 CGV에서 보고

스타트랙 : 더 비기닝2009
토탈리콜2012
더 문2009
제5원소1997
선샤인2007
프로메테우스2012
팬도럼2009
월-E 애니메이션2008

스페이스 오딧세이2001

콘택트1997는 인터넷에서

에일리언1979

아마겟돈1998

스타워즈1999

혹성탈출1968 등은 TV에서 보았지요.

0009해 일日

일반적으로는 날 일日, 달 월月로 새기고 있습니다.

날日 자를 놓고 물어보면 열에 여덟아홉이 아니라

열이면 열 다 '날 일'자라고 답합니다.

누구도 '해 일'이라 하지는 않지요.

그러나 이 《천자문》에서는

날과 달이라는 시간적 개념보다는

해와 달이라는 천체의 뜻을 살려

'날 일"을 '해 일'로 새김이 좋습니다.

해는 태양太陽이라 하듯이
세상에서 가장 밝은 것입니다.
태양은 클 태太 자 볕 양陽 자인데
클 태는 '너무 태'로 새기기도 합니다.
정도가 지나쳐서 매우 심하다는 뜻이지요.
무엇이 심할까요? 볕이 심한 것입니다.
가령 태양日이 위아래로 있을 때
그 가운데 계신 노인耂은
맥을 못 추고 더위暑를 호소합니다.

해가 지닌 공능은 다양합니다.
햇볕과 함께 햇빛을 들 수 있는데
가령 햇볕이 에너지라면 햇빛은
그 에너지로부터 얻는 어둠을 밝히는 기능입니다.
에너지와 밝기는 반드시 비례하지 않습니다.

태양이 열이 높은 까닭에
높은 만큼 밝은 것이라고 한다면
용광로의 불꽃이 훨씬 뜨거우니까
용광로 주위는 대낮보다 밝아야겠지요.
그러나 대낮보다 밝을 수는 없습니다.
관솔불 횃불은 뜨겁고 손전등은 뜨겁지 않지요.

그러나 밝기로는 갓 충전한 손전등이 뛰어납니다.

이런 원리를 이용한 것이 바로 LED입니다
잘 알려진 바와 같이 LED는
라이트Light(빛)의 L과
이미팅Emitting(내뿜다)의 E와
다이오드Diode(전류관電流管)의 약자 D지요
여기서 라이트와 이미팅은 발광發光이라 풀이하면서
다이오드는 원어대로 표현합니다.
가장 중요한 게 다이오드인데 중요하다 보니까
번역하지 않고 원어대로 씀은
마치 다라니나 진언을 번역하지 않고
원어대로 지송함과 맥을 같이 하는지도 모릅니다.
그런데 정말 그럴까요.
다이오드도 중요하지만
이미팅도 라이트도 중요합니다.

해 일日 자는 날이라는 뜻 외에도
낮, 날수, 기한, 낮 길이, 햇볕, 햇살, 햇빛, 시간
지나간 때, 다가올 때 등 다양합니다.
옛글자로는 해 일囸이 있습니다.
그리고 비슷한 글자가 있는데

가로로 길다 하여 '가로 왈曰'이라 새깁니다만
'말씀 왈曰'자도 있습니다.

0010 달 월月

해와 달리 달은 이지러집니다.
해 일日 자는 세로로 약간 긴 직사각이기는 해도
사각의 형태가 반듯한 편이지요.
해 일日은 해 일𡆠이었습니다.
바깥 테두리가 반듯하다고 해서
정사각의 입 구口 안에 바를 정正 자를 집어넣었습니다.

또 왜 바를 정正 자를 넣었을까요.
해는 결코 어떤 경우라도
올바름 올곧음 반듯함 등에서
벗어나지 않는 신神인 까닭입니다.
그리고 한漢의 사상은 바름에 있다고 하는 것을
은연중 드러내려 하였음입니다.

옛사람들은 나중에
해에는 금 까마귀金烏가 산다 하여
작게 표시한 게 점丶이었지요
그 점이 한 일一 자로 바뀐 것은
그야말로 우연이었습니다.
한글이나 숫자, 영어처럼
중국 문자에는 동그라미가 없습니다
심지어 둥글 원圓 자의 표기도
사각 안에 소릿값員을 넣었으니까요.

그 시작이 바로 해 일囸 자입니다.
따라서 해 일자의 테두리口는
본디 동그라미입니다.
마음속에서는 동그라미지만
한漢의 사상 중화中華의 문화에서
직선이 아닌 굽음은 있을 수 없었지요.

그런데 달은 어떻습니까.
실제로 초승달에서 상현上弦을 거쳐 보름달이 되고
그 보름달이 하현下弦을 거쳐 다시 그믐달로 되돌아갑니다.
초하루 삭朔 자에도 보름 망望 자에도 달은 있습니다.

심지어 아침 조朝자에도 달은 함께 하고 있지요.
달은 이처럼 한 달을 주기로 하여
커졌다 작아졌다를 반복합니다.
실제로 크고 작아지는 것은
달 그 자체가 지닌 질량이 아니라
햇빛을 가린 지구 그림자임은
이미 익히 알고들 있습니다.
달의 본질은 이지러짐입니다.
초승달朔이나 보름달望이 아닙니다.
상현과 하현을 합한 반달은
한 달의 대부분을 차지하지요.
하여 달 월月자는 반달 모습입니다.
달이 해처럼 둥글어지려면
반달의 본모습을 거슬러야 하지요.

초하루 삭朔 자를 쓰면서
거슬림屰 달月을 표현한 것은
그러기에 시사하는 바가 매우 큽니다.
보름 망望 자도 마찬가지입니다.
왕王은 온전한 자리지요.
왕은 팔부나 구부 능선이 아닌
최고 정상의 자리에 있기 때문에

온전한 조망望권을 다 갖추었습니다.
그리고 왕王은 보름달望처럼
밝게 백성들을 살펴야 합니다.

해는 오직 낮에만 뜨지만
달은 아침朝에도 뜨고
저녁夕에도 뜨며
깊은 밤夜에도 떠오릅니다.
아침은 햇살十日十이 찬란하지만
달月도 함께 떠 있다는 뜻에서
조정朝은 신선하고 청렴해야 했습니다.
달月을 머리에 인亠 밤夜은
낮과 동떨어진 게 아니라
언제나 함께한다腋고 보았습니다.

아버지는 태양과 같은 분이기에
일할 때日와 쉴 때月가 구분되었으나
어머니는 달과 같은 분이어서
아침朝이고 낮明이고 저녁夕이고 밤중夜이고
아들딸의 곁을 떠나지 않는
그러한 분으로서 인식했을 것입니다.

0011 찰 영盈, 0012 기울 측昃

盈昃

해는 차거나 기울지 않지만
대신 해돋이와 해넘이가 있고
달은 오름과 숨음이 일정치 않지만
채워졌다가 비워지고 하는 것이
마치 그릇皿과 같습니다
따라서 둥글어진다는 것은
달이 이문을 얻어夃 솟아오름이고
기운다고 하는 것은
해日가 산厂너머로 숨음입니다.

시간의 역사라고 하는 것은
반드시 거창하고 심오한 게 아닙니다.
그냥 해가 돋고 해가 지고
달이 차고 이지러지는 현상입니다
이것이 매일매일日每 반복된 삶입니다.
인생이란 한 치 앞도 볼 수 없는
그믐晦(=日+每)과 같은 존재지요.

술잔皿에 달을 가득 채우夃고 인생을 깨우치는가 하면
산厂너머로 지는 해日를 바라보면서
사람人 삶生에 한계가 있음을
아마 옛사람들은 느꼈을 것입니다.
천자문 첫머리를 펼친 뒤 '우주의 장'을 읽노라면
구약의 창세기 편을 대한 듯싶습니다.

하느님이 하늘天과 땅地을 열고
빛日과 어둠月을 만드실 때
그 마음이 얼마나 숙연하셨을까
창조의 손길 하나하나가
엄숙하고 정성스러웠을 것입니다.

천자문 우주의 장은 거룩한 창세기이며
장엄한 빅뱅Big-bang의 시작입니다.
지금도 빅뱅은 계속되고
창조의 손길은 쉼 없이 이어집니다.
진화를 재촉하는 시간과 공간의 역할은
그래서 더없이 장엄하고 또한 숭고합니다.

일日월月영盈측昃

진辰수宿렬列장張

0013 별 진 辰

0014 별 수 宿

0015 벌릴 렬 列

0016 베풀 장 張

해와달은 찼다가는 이지러지고

별과별은 밤하늘에 수를놓도다

0013 별 진辰, 0014 별 수宿

辰宿

진수辰宿란 하나의 숙어입니다.
진辰과 수宿를 개별적으로 하나하나 떼어놓아도 좋고
이처럼 하나로 묶더라도 괜찮습니다.
뜻이 변하는 것은 없으니까요.
별은 개념이 매우 큽니다.
'해' '달' '지구' 등은 홀로이름씨이기 때문에
이들 이름에 포함되는 것은
극히 한정적일 수밖에 없습니다.

그러나 '별'이란 홀로이름씨가 아닙니다.
별은 대이름씨代名詞에 해당합니다.
따라서 이 '별'이라는 이름 속에는
7가지 대이름씨가 다 들어있지요.
물론, 사람이 아니기 때문에
너, 나, 그, 그녀, 우리와 같은
그런 개념은 없지만 말입니다.

'별'이란 대이름씨 속에는
해도 달도 지구도 다 포함됩니다.
별을 표현하는 한자를 보실까요.
대표하는 한자는 별 성星 자입니다.
그리고 그밖에 같은 뜻 다른 글자들이 있습니다.
별 두, 북두 두斗/별 진, 때 신, 지지 신辰
별자리 수, 잘 숙宿/별 경, 일곱째 천간 경庚입니다.

서당에서 학동들이 배우는 교재에
이른바 《계몽편》이 있습니다.
글자 그대로 계몽하는 책이라 하겠습니다.
모두 5편으로 되어 있는데 편명만 여기 올리겠습니다.
제1장 首篇처음 이야기
제2장 天篇하늘 이야기
제3장 地篇땅의 이야기
제4장 物篇사물 이야기
제5장 人篇사람 이야기

내 어릴 적 서당에 청강하러 다닌 적은 있으나
이 《계몽편》은 잘 몰랐습니다.
책이 있다는 얘기는 들었고
소위 《동몽선습》이란 책과 함께

나이 어린 학동들이 읽는다고는 했습니다.

요즘 우리는 학교에서
'배움'이라는 말을 많이 쓰고 있는데
옛날 한문 교육 문화권에서는
'배움'보다 '읽음'이란 말을 즐겼지요.
배움이란 읽음에서 시작되고
많이 읽음은 외움으로 이어집니다.

부처님의 가르침을 빌어
절에서는 경전 읽기를 권합니다.
부처님 경전을 소리 내어 읽고
경전 구절을 소리 내어 외는 공덕은
아무리 강조하더라도 결코 지나침이 없다는 얘기를
조금이나마 알 수 있을 듯싶습니다.

청강하는 몽매한 젊은이에게
늘 읽고 외우라 강조하셨던 훈장님
한문 공부는 무조건 많이 읽고
읽다 보면 자연스레 외워진다고
외우다 보면 이해가 되고
마침내 그가 된다고 하셨습니다.

0015 벌릴 렬列, 0016 베풀 장張

列張

진수열장辰宿列張에서
진辰은 신으로 발음되기도 하는데
해 달 별日月星辰이라 하듯
그냥 단수로서의 별을 뜻합니다.
그러나 수宿는 '28수宿'라고 하듯이
복수로서의 별자리입니다.

천상열차분야지도天象列次分野之圖를 아시지요?
만 원권 지폐 뒷면에
천상열차분야지도가 모사되어 있습니다.
물론 만 원권 지폐 별자리 지도는
전체본이 아닌 약본입니다

조금만 별자리에 관심이 있다면
비록 전 우주의 별자리가 아니더라도
한두 번쯤 들여다보았을 것입니다.
만 원권 지폐만이 아닙니다.

오만 원권과 천 원권 지폐 뒷면에도
더욱 간략화된 별자리가 있지요.

우리나라 대한민국이
최근 들어서만 자연과학 분야에
천문학에 관심을 가진 게 아닙니다.
오천 원권 지폐를 제외하고
오만 원권 천 원권 지폐에
별자리가 모사되어 있음은
상당히 고무적이라 할 것입니다

천상열차분야지도는
태미원 자미원 천시원이라는 삼원三垣을 비롯하여
동방의 일곱 별자리
북방의 일곱 별자리
서방의 일곱 별자리
남방의 일곱 별자리가 있습니다.
이를 '28수宿'라고 하며
이때 쓰이는 자가 곧 '별 수宿'입니다
천상열차분야지도에서
천상天象은 하늘天 모습象이지
글자 새김대로 하늘天 코끼리象가 아닙니다.

코끼리 상象 자는 이미지입니다.
완전한 틀을 지닌 꼴相이 아닙니다.
비록 닮기는 닮았으되
동일의 질량을 지니지 않았기에
이는 임프레션impression에 해당합니다.

옛날에는 하늘의 천체라면 해와 달을 비롯하여
수, 금, 화, 목, 토성 등 다섯별과
견우성, 직녀성, 삼태성, 좀생이
북극성, 북두칠성과 혜성, 별똥별 등과
은하수 정도였다고 보입니다.
요즘은 지구가 별이라고 보지만
옛날에는 지구를 포함하여
해와 달은 별이라 여기지 않았지요.

그런데 해와 별의 상관관계를
한자 속에서는 찾을 수가 있습니다.
이를테면 별을 의미하는 별 성星 자에 따르면
태양日으로부터 생긴生 것이 별이고
별星에서 태양日이 생生겼다고
보기도 한 것이 맞습니다.

복사輻射의 기능을 가지고
빛을 내뿜기生에 성이라 하고
하얗게白 하얗게白 하얗게白
빛을 발하기生에 성曐이라 하며
수정晶처럼 아름다운 빛을
마구 내뿜기生에 성曐이라 합니다.

밭 전田자를 비유로 든 것은
열 십十 자 한복판에서
별빛이 위아래 좌우로 뻗어나가는
복사의 모습을 빌린 것이니
레디에이션Radiation이라는 에너지의 방출개념이
별 성星 자에는 이미 들어 있습니다.

혜성 혜彗 자를 살펴보면
예쁜 꼬리丰丰를 내뿜으며
빛나는 살, 곧 화살별을 나타내며
이 별들 밝기가 해日와 같다 하여
반짝이는 별 혜暳 자로 표기했습니다.
별 진辰 자는 부수인데
조개蜃가 제 껍질 밖으로
발을 내미는 모습을 표현하였으며

이를 아기 탄생과 결부시켜
생일 신辰 자로 새기게 되었습니다.
아이 밸 신娠 자도 참고로 올립니다.

별 수宿 자는 별이나 별 이름보다는
잘 숙宿 자로 많이 알려진 글자로
어느人 나그네 가 숙소宀에 들어
쉬고 있는 것을 표현한 글자입니다.
또는 사람들佰이 숙소宀에서
묵고 있음을 나타낸 글자이지요.

벌릴 열列 자는 도살업자가 소나 돼지를 잡을 때
칼刂로 뼈에서 살을 발라냄歹을
뜻한 것으로 갈라놓음, 흩음
또는 벌려 놓음을 뜻하게 되었습니다.

그리고 베풀 장張 자는
활弓 시위弦에 화살을 메긴 뒤
힘껏 당김에서 일차적 확장을 의미하고
당긴 시위를 놓음과 동시에
화살이 멀리長 날아간다 해서
이차적 확장을 뜻하게 된 것입니다.

한寒**래**來**서**暑**왕**往

추秋**수**收**동**冬**장**藏

0017 **찰 한** 寒

0018 **올 래** 來

0019 **더울 서** 暑

0020 **갈 왕** 往

추위오자 더위가는 세월속에서

가을거둬 겨울이면 저장을하며

0017 찰 한寒

우리 속담에 이런 말이 있지요
"춥지 않은 소한小寒 없고 추운 대한大寒 없다."
"소한이 대한네 집에 몸 녹이러 간다."
"대한이 소한네 집에 갔다가 얼어 죽었다."
소한은 작을 소小 자에 찰 한寒 자고
대한은 큰 대大 자에 찰 한寒 자입니다.

글자에 담긴 뜻으로 본다면
어느 것이 더 추울 것 같습니까?
으레 소한보다 대한이 더 춥겠지요.
그런데 실제로는 소한이 춥습니다.
이는 냄새 효과 때문입니다

동쪽 마을의 따스미가
일이 있어 북쪽 동지 마을에 갑니다.
동지는 춥기로 유명한 마을이지요.

석 달 동안의 여정인데
따스미는 입동 마을을 출발하여
소설과 대설 마을을 지나고
마침내 동지 마을에 도착했습니다.

동지 마을에서 볼일을 마치고
곧바로 길을 떠나 서쪽 입춘 마을로 향합니다.
가는 길에 소한 대한 마을을 거치고
다시 한 달 반이면 입춘 마을에 이르게 될 것입니다.

동지 마을에 갈 때는 따스한 기운을 지닌 채였는데
가는 도중에 몸이 식어버린 것입니다.
동지 마을에 이르렀을 때
체온은 이미 완전히 밑바닥이었지요.
동지 마을에서 볼일을 본 뒤
그는 식을 대로 식은 몸으로
서쪽 입춘 마을을 향했습니다.

소한 마을에 이르렀을 때 몸에 묻어 온 추위가
소한 마을을 더욱 춥게 만들었고
대한 마을에 이르렀을 때
몸은 열기를 점차 회복했습니다.

그러니 소한이 더 춥고
대한이 덜 춥지 않겠습니까.
입춘 마을은 말할 것도 없고요.

따라서 나는 24절기를
순우리말로 아래와 같이 풀었습니다.
내 57권째 책 《아미타경을 읽는 즐거움》(민족사)
510쪽 〈쉬어가기11〉에 있습니다.
우선 입동에서 입춘까지만 볼까요?
입동 선겨울 황경 225도
소설 싸락눈 황경 240도
대설 함박눈 황경 255도
동지 한겨울 황경 270도
소한 맏추위 황경 285도
대한 끝추위 황경 300도
입춘 서툰봄 황경 315도
대한을 끝추위로 풀었는데
큰추위로 오타가 나와 책에는 큰추위로 올라 있습니다.
소한은 동지로부터 처음 맞는 맏추위입니다.
대한은 끝추위 곧 막내 추위지요
맏이가 크고 막내가 작은
파워power효과라고 할까요?

"어! 왜 이리 손이 차?

"으음, 밖의 추운 데 있었거든."

그렇습니다. 차가운 물에 손을 담갔다거나

추운 겨울바람을 쐬며 밖에 있었다면

손이 시릴 수밖에 없습니다.

마찬가지로 동지에서 시간적으로 가까운 소한이

시간적으로 먼 대한보다

몸이 덜 녹았다면 더 차갑겠지요.

찰 한寒 자에 담긴 뜻은 무엇일까요

방 안宀에 떠 놓은 우물물井이

꽁꽁大 얼어버렸다冫는 의미입니다.

방 안의 떠 놓은 물도 얼었는데

바깥의 기온이야 말해 뭐하겠습니까.

0018 올 래來

올 래來 자를 볼 때마다
나는《노란 손수건》을 떠올립니다.
애써 생각지 않아도 저절로 떠오릅니다.
3년간 옥고를 치르고 가족 품으로 돌아오는 사람
그의 이름은 빙고Bingo였습니다.
서양 사람들이 '맞았어'를 "빙고!"라 할 때
그 빙고와 같은지 모르나 빙고입니다.

나무木 아래서 만나는 두 사람从을
나타낸 글자가 올 래來 자인데
왜 '노란 손수건'이 떠오르는 걸까요.
사랑하는 사람과의 만남
어쩌면 영화를 보고 난 뒤 감흥이
생각보다 훨씬 깊은 까닭일 것입니다.

가수 태진아 선생이 부른 노래에
〈노란 손수건〉이 있습니다.

한번 보실까요?

손수건을 흔들면 님이 오신다기에
흔들었던 손수건, 노란 손수건
뒤돌아보면 그리움에 고개 떨구고
뒤돌아보면 그리움에 울고 있겠지
세월 속에 빛이 바랜
님이 주신 노란 손수건

마른 나무에 꽃은 지듯이
사랑은 떠나고
이별의 공간을 눈물로 채우며
이별의 시간을
미소에 담아 건네준 거야
님 오실 때 흔들어야지 노란 손수건

손수건을 흔들면 님이 오신다기에
흔들었던 손수건, 노란 손수건
뒤돌아보면 그리움에 고개 떨구고
뒤돌아보면 그리움에 울고 있겠지
세월 속에 빛이 바랜
님이 주신 노란 손수건

마른 나무에 꽃이 지듯이
사랑은 떠나고
이별의 공간을 눈물로 채우며
이별의 시간을
미소에 담아 건네준 거야
님 오실 때 흔들어야지 노란 손수건

마른 나무에 꽃은 지듯이
사랑은 떠나고
이별의 공간을 눈물로 채우며
이별의 시간을
미소에 담아 건네준 거야
님 오실 때 흔들어야지 노란 손수건

0019 더울 서暑

"브와나 키포(스님)bwana Kipoo!"

"으흠um?"

"조또 싸나joto sana!"

"조또?"

"싸나 싸나!"

2006년 2월 킬리만자로에서
한국인으로는 처음으로
사찰 및 학교 용지를 구입했지요.
그리고 그들에게서 얻은 이름이
키포Kipoo였습니다.
그들은 한국인뿐만 아니라
외국인으로서는 최초라 했습니다.

Mt. 킬리만자로 땅은
아직 외국인에겐 판 적이 없었는데
내게는 팔았노라며 현지인이 지어준 기포에

한문으로 내가 기포起泡라 덧붙였습니다.

영국의 선교사이자 탐험가
리빙스턴Living Stone (1813~1873)이
탄자니아 킬리만자로를 탐험한 뒤
킬리만자로 정상 키포Kipoo를 키보Kibo로 바꾸었고
그 후 킬리만자로 주민 외에는
하나같이 키보로 부르고 있습니다.

그들에게서 처음 익힌 현지어가
"조또 싸나"였습니다
내가 왜 더우냐고 했더니
탄자니아는 적도에 걸쳐있다 했지요.
하지만 적도를 중심으로
남위 10도와 북위 10도의 폭은
무풍지대라고 합니다.
바람이 없기에 더 덥습니다.

더울 서暑 자는 앞서 살펴보았지만
위에서는 해日가 짓누르고
아래서도 태양日이 떠받치고 있어
가운데 어르신耂이 '덥다'시는 겁니다.

태양 하나도 가까이하면 더운데
아래위로 태양이 두 개씩이나 되니
어떻게 안 더울 수 있겠습니까.

0020 갈 왕往

往

남편은 한 가정의 가장家長이고
아내는 한 가정의 주부主婦입니다
가장은 집안家을 늘리長는 사람이고
주부는 가정의 주인主이며
살림을 가꾸帚는 사람입니다.
주인은 왕王을 가리키丶고
왕은 남의 도움 없이
자축彳거리며 홀로 걸어가지요
주인主에게 존칭을 붙이면
주인장이고 남자를 가리킴이며
주인님이 되면 여자를 가리킴입니다.
주인主人은 왕王이라는 사람丶에

다시 사람人이란 말을 덧붙임이니
덧붙이지 않고 높여 부르면 곧 '주님'이 됩니다.
주님은 하인이 주인을 부름입니다.

주님은 인간의 도움 없이
자축거리며 스스로 가는 이입니다.
왕조王朝에서는 왕이 주님이지만
민주民主에서는 온갖 성바치百姓가 주님입니다.
대그룹에서는 회장이 주님이고
작은 사업체에서는 사장이 주님이며
단체에서는 단체장이 주님입니다.
그렇다면 나의 주님은 누구일까요.

나의 주님은, 그렇습니다.
밖의 어떤 절대자가 아닙니다.
나의 주님은 나 자신입니다.
나를 떠나 그 어디에도
나의 주님이 될 자는 없습니다.
따라서 오고 가는 주체도 나입니다.

여기 천자문에서는
추위가 오면 더위가 간다고 합니다.

계절의 자리바꿈입니다.
이 자리바꿈은 자연스럽습니다.
새로운 세입자가 들어오면서
앞서 살던 세입자는 떠나갑니다.
앞의 세입자가 떠나간 빈 자리를
적어도 자연의 세계에서는
공석으로 남겨두지 않습니다.

다음 세입자가 들어오지 않으면
앞의 세입자가 계속 살까요?
제 자리 내놓지 않겠다고
용쓰는 일도 없습니다.
오는 자와 떠나가는 자가
자연스럽게 이루어지는 질서의 세계
천자문을 읽노라면
바로 이 한서질천寒暑迭遷이란
엄숙한 질서 앞에 손 모으고
고개를 숙일 수밖에 없습니다.
아! 자연의 세계는 숭엄합니다.
어떤 경우라 하더라도
지구가 태양을 공전하다 말고
멈춰 서서 딴짓하거나

한눈파는 일은 결코 없으며

달은 지구를 살피며 쉼 없이 돕니다.

한寒래來서暑왕往

추秋수收동冬장藏

0021 가을 추 秋

0022 거둘 수 收

0023 겨울 동 冬

0024 감출 장 藏

추위오자 더위가는 세월속에서

가을거둬 겨울이면 저장을하며

'오다來' '가다往'라는 움직씨는
우리 생명붙이들에게는 더없이 중요한 것입니다.
'너'니 '나'니 '그'니 '우리'니 하는
이름씨 못지않습니다.

결국 '너' '나' '그' '우리'라는 생명이
생명으로서의 자격을 지님은
오가며 오르내리며
나들며 서고 앉고 누우며
이야기하고 잠잠하고
숨 쉬고 생각하고
끊임없이 움직이기 때문입니다.

'추위 오자 더위가 간다'는 이 짧은 시구詩句는
계절의 오감을 노래하기는 했지만
계절의 오감이 나와 무관할까요?
아니, 아니, 아닙니다.
전혀 무관하지 않습니다.

생명붙이들의 삶이란
그가 인人이든 간間이든
가축이든, 곤충이든, 동물이든

심지어 박테리아나 식물일지라도
계절의 오고 감과 시간의 흐름을 떠나서는
단 한 찰나도 생각할 수 없습니다.

용수보살의 불후의 명저 《중론中論》에는
'팔부중도八不中道'란 게 있습니다.
아닐 불不 자가 여덟 번 있기에
이와 같이 부르고 있지요.
그런데 왜 '팔불중도'라 하지 않고
'팔부중도'로 발음하느냐고요?

우리의 한문 읽는 법에서는
아닐 불不 자가
'ㄷ' 'ㅈ' 닿소리 앞에서는
'ㄹ'받침을 탈락시키고 발음됩니다.
불득이不得已도 부득이라 읽고
불구부정 부증불감도
같은 아닐 불不 자이지만
뒤에 오는 닿소리 'ㅈ'으로 인하여
'불'이 아닌 '부'로 발음하는 것입니다.

만에 하나 '팔불중도'로

표기된 데가 있다면
문법과는 좀 거리가 있습니다.

그럼 중국어에서는 어떨까요?
중국어는 뒤의 닿소리와 관계없이
부정사일 때 제4성 '뿌bu'입니다.
단 어떤 말인가에 따라
성조聲調가 바뀔 수는 있습니다.
다시 말해서 부정사가 아닐 경우
이름씨 등에 들어있을 때
성조 곧 악센트가 바뀝니다.
그렇다면 팔부중도는 무엇 무엇일까요?
(1) 불생不生 생기지 않음
(2) 불멸不滅 없어지지 않음
(3) 불거不去 가지 않음
(4) 불래不來 오지 않음
(5) 불일不一 하나가 아님
(6) 불이不異 다르지 않음
(7) 부단不斷 끊어지지 않음
(8) 불상不常 영원하지 않음

만약《천자문》을 거꾸로 읽는다면

당연히 《문자천文字千》입니다.
문자천은 문자가 천이라는 얘기고
이는 낱낱 문자 세포가
무려 1천 개라는 뜻이 되겠습니다.

그러면 다들 시큰둥하시겠지요.
이름씨나 그림씨 등 단어도 못 되고
그렇다고 문장도 아니고
겨우 문자라고요?
그게 뭐 그리 대수냐며
쉽게 생각할 수도 있을 것입니다.
그러나 결코 그렇지 않습니다.
이들 하나하나 문자 세포들이 모여
하나의 간단한 단어가 되고
짧은 문장을 이루며
마침내 한 편의 시가 되고
듬직한 한 권의 책이 됩니다.

이들 하나하나 문자들을
평균 8획으로 계산하였을 때
문자 1천 개가 지닌 획수는
자그마치 8천 개란 계산이 나옵니다.

그 하나하나의 획에는
얼마나 많은 분자가 들어 있으며
원자 단위로는 몇 개나 되겠는지요.

나는 간곡하게 얘기합니다.
어떤 경우라 하더라도
문자 한 자 한 자에 대해
소중히 볼 수 있는 눈을 기르시라고
열 자도 백 자도 아닌
무릇 1천 개 문자이겠습니까.

0021 가을 추秋

가을 추秋 자를 보고 있노라면
노란 은행잎이 먼저 떠오르고
빨간 단풍잎이 생각납니다.
빨강 분홍 하얀 빛깔의 코스모스가
지천으로 핀 길가가 그립습니다.

그러나 뭐니 뭐니 해도
가장 향기로운 가을 정취는
오곡이 익어가는 황금 들녘입니다.

벼禾 익은 들녘이 불火타듯 하는
아름다운 장관을 뺀 채
어찌 가을을 논할 수 있겠나이까.
벼禾가 충분한 일조량日을 받을 때
향香으로서는 최상의 품질이고
벼禾를 한 말斗 두 말斗 되는 데서
수확의 경제적 기쁨과 더불어
과학科學이 움트기 시작합니다.

과학의 과科가 무슨 뜻일까요.
곡물禾을 말질斗한다는 것입니다.
가을 수확과 함께 말질斗에서
가늠자度, 헤아림量, 저울대衡라고 하는
이른바 도량형이 생겨났지요.
가을이 가져다주는 기쁨은
수확의 기쁨을 비롯하여
향기의 기쁨과 과학의 기쁨
그리고 경제의 기쁨 말고도 더 있을 것입니다.

0022 거둘 수收

收

거둠에는 두 가지 기능이 필요합니다.

첫째는 움켜丩 잡음이요,

둘째는 낚아챔攵입니다.

한 손으로 잘 익은 벼 포기를 움켜丩 잡고

낫으로 걸어 낚아챔攵입니다.

첫째 정리丩를 잘 해야 하고

둘째 계산서攵를 반드시 청구해야 합니다.

첫째 세금 징수丩는 매우 정당해야 하고

둘째 영수증攵은 꼭꼭 챙겨야 합니다.

이는 일반적으로

거둘 수收 자에 들어있는 뜻이지만

수확을 함에 있어서도

알뜰히 거두어들임이 1차丩라면

까치밥 정도는 남겨 두는 게 2차攵입니다

거둠에서 챙김丩은 자신을 위함이고

나눔攵은 남에게 되돌림입니다.

거둠收이라는 하나의 글자에서
옛사람들은 이처럼 자신과 남을 함께 생각했습니다.
아무튼 가을은 거두어들임의 계절입니다
농경사회農耕社會에 있어서
봄, 여름에 세금을 징수하거나
지료 받는 일을 금한 것은
어쩌면 지극히 당연한 일이었습니다.
가을秋의 말밑語源은 거둠이고
거둠收의 부림말目的語은 가을입니다
가을 속담_
가을 메는 부지깽이도 덤벙인다.
가을 머슴 비질하듯
가을 상추는 문 걸어 잠그고 먹는다.
가을 식은 밥이 봄 양식이다.
가을 아욱국은 계집 내쫓고 먹는다.
가을 아욱국은 사위만 준다.
가을에 못 지낸 제사 봄에 지낼까.
알기는 칠월 귀뚜라미

0023 겨울 동冬

재미있는 겨울 속담들이 있습니다.
겨울에 짓는 집은 더운 집이오.
여름에 짓는 집은 서늘한 집이다.
겨울을 지내야 봄 그리운 줄 안다.
겨울 지나지 않고 봄이 오랴.
겨울 화롯불은 어머니보다 낫다.
겨울바람이 봄바람 보고 춥다 한다.
봄에 하루 놀면 겨울에 열흘 굶는다.

겨울冬은 한 해 사계절 중
가장 늦게 뒤처져 오는夊 까닭에
뒤처져 올 치夊가 쓰였으며
이 마지막 계절인 겨울에는
얼음이 얼므로 얼음 빙冫자를 썼습니다.

0024 감출 장藏

藏

감출 장藏 자는 모두 18획입니다.

초두머리艹에서 찾으며 필순이 매우 복잡합니다.

왕이 곧 법이던 왕조에서는

왕과 신하 관계가 엄격했는데

감출 장藏 자에 잘 담겨 있습니다.

신하臣가 왕이 두려워

창戈으로 얼기설기 얽은 뒤

그 위에 나무 조각爿을 덮고

그것으로도 모자라

다시 그 위에 풀섶艹을 덮은 다음

그 밑에 들어가 모습을 감추고

숨어있다 하여 생긴 자가 감출 장藏 자입니다.

원력의 상징 지장보살은

추위에 떠는 헐벗은 사람에게

입고 있던 옷을 다 벗어주고

알몸을 드러내기 부끄러워

길 옆 논두렁 아래에 몸을 숨겼기에
그로부터 '지장地藏'이라는
별명이 생기게 되었다고 하지요.

여기 천자문에서 감출 장藏 자는
감춤이라는 어떤 은밀성이 아닙니다.
이른바 저장貯藏이라는 생활의 지혜입니다.
요즘은 저장 기술이 뛰어나
좀 더 첨단화 과학화되어 있습니다.

옛날 전기가 발견되기 전에는
자연의 힘을 이용하여
곡물을 저장하고
과일을 저장하고
얼음을 저장하고
고기와 생선을 저장하고
술과 발효식품을 저장하고
약초와 음식물을 저장하곤 했습니다.

지금은 집집마다 냉장고가 있습니다.
직장이나 휴게실에도
열차 버스 비행기 선박 등에도

저장시설 없는 곳은 찾아보기 힘들지요.
따라서 지금은 제철음식을 찾지 않아도
신선도가 출하 당시와 동일하므로
그 맛 그대로 즐길 수 있습니다.
오히려 유통과정에서 상한
여름 제철 과일이나 제철 채소보다
더 신선한 과일과 채소를
마음 놓고 제대로 맛볼 수 있습니다.

지난해 여름이었습니다.
볼일이 있어 무주에 간 적이 있는데
지하 터널을 저장고로 이용하여
자연 상태에서 저장한
포도와인들을 둘러보며
인위적 냉장기술도 중요하지만
자연이 가져다 준 저장환경이
나름대로 참 괜찮다 싶었습니다.

아무튼 요즘과 달리
옛날에는 봄에 씨를 뿌리고
여름에 김매고 가꾸고 북돋우고
가을이 되면 가을걷이를 해서

겨우내 저장하는 것이
사람들의 삶의 사이클이었습니다.

어떤 공부하는 학인學人이
큰스님을 찾아 인사를 드렸습니다.
"큰스님, 부처가 무엇입니까?"
큰스님이 되물었습니다.
"공양供養은 하셨는가?"
큰스님의 되물음에 학인이 당황했습니다.
"네 큰스님, 방금 했습니다."
큰스님께서 말씀하셨습니다.
"그래, 그럼 바리때는 잘 씻었겠구먼."
큰스님 말씀에 학인이 깨달았지요.

밥 먹고 나면 설거지 하듯
가을걷이와 더불어 겨울의 저장은
자연스런 삶의 질서였습니다.

장자는 천하를 천하에 숨긴다는데
어즈버! 나는 나를 어디에 숨길 것인가?

윤閏여餘성成세歲

율律여呂조調양陽

0025 **윤달 윤** 閏

0026 **남을 여** 餘

0027 **이룰 성** 成

0028 **해 세** 歲

삼년마다 윤달로써 한해이루고
율려로써 음과양을 조절해가네

0025 윤달 윤閏

閏

"Leap year proposal"
여성이 청혼할 수 있는 해
2월이 29일까지 있는 해입니다.
이른바 윤년閏年인데
태양력으로 윤년은 4년마다 들고
2016년 올해가 윤년입니다.
그러나 여성의 청혼은
한 해 내내 가능한 것이 아니고
오직 2월 29일 단 하루만 가능합니다.

내가 우리절 불자님 가운데
올해는 좋은 인연이 닿았으면 좋겠다며
마음에 드는 남자 친구가 있으면
직접 청혼해보라 했더니
사귀는 사람이 있기는 한데
어떻게 여성이 청혼을 하느냐며
그건 서구 문화일 뿐

우리나라에선 그럴 수 없다고 하네요.

그 말도 맞긴 맞다 싶은데
청혼이란 것이 남자 쪽에서는 되고
여자 쪽에서는 안 된다는 게
아무리 생각해도 잘 모르겠습니다.
청혼한 경험이 없고
여자가 되어본 적이 없으니
여성 심리를 정확히 알 수는 없겠네요.

잉여剩餘 시간을 얘기할 때
가장 많이 쓰는 한문 단어가 있다면
그것은 어쩌면 윤달 윤閏 자일 것입니다
윤자는 모두 문 문門 안에
옥玉자/왕王자가 들어 있습니다.
윤달 윤閏/閏/閠/润이 그것이지요.

윤달을 뜻하는 윤자는
왜 꼭 문 문門 자가 에워싸고 있으며
임금의 직접적 뜻인 임금 왕王 자라든가
간접의 뜻을 지닌 구슬 옥玉 자가
그 문 안쪽에 들어있는 것일까요?

예로부터 윤달은 공空달,
곧 비어있는 달이라 여겼습니다.
그러기에 이 윤달에는
송장을 거꾸로 세워 놓더라도
탈이 생기지 않는다 하여
묘소를 이장移葬하거나
파묘하여 유골을 화장하더라도
전혀 탈이 나지 않는다고 했습니다.

그러다 보니 귀신들이 판치는 세상이 되어버렸고
귀신들 눈에는 왕이 보이지 않아
일반 백성들과 똑같이 취급했습니다.
어차피 사후 세계 저승에서는
금생에 정승을 지냈거나
국회의원이나 국회의장을 지냈거나
왕이나 대통령을 지냈더라도
같은 죽은 자로 취급할 따름입니다.

왕이 문 안에서 꼼짝 않는 것은
바로 귀신 때문입니다.
옥玉자는 王의 간접적 표현이라
앞서 얘기했습니다만

옥은 오직 왕과 중전中殿만이
지닐 수 있는 귀한 보석이었기에
왕王이 점丶찍은 것이라 하여
옥玉 자가 된 것입니다.

또 한 가지 설이 있습니다.
윤달은 공달이라서
임금도 나랏일은 보지 않고
바캉스vacation를 즐긴 것입니다.
왕이 문 안에 있다는 것은
국사를 잠시 쉰다는 얘기입니다.

미국어로 바캉스가
'비어있다'는 뜻이 아닙니까?
그렇다면 바캉스의 어원이
윤달 윤閏 자에서 나온 게 아닐까요?
그 말을 믿을 수 있겠습니까?
이는 내 생각일 뿐입니다.
문헌학적으로 고증된 바는 없습니다.

일반적으로 절에서는
'생전예수재生前豫修齋'를 올리는데

그때가 바로 윤달입니다
그러면서 자기의 사십구재四十九齋 공덕을
자기 스스로 미리豫 닦기修 때문에
'생전예수재'라 명명한 것입니다
올해는 양력 윤2월이 들고
내년은 음력 윤5월이 들어 있습니다.
1990년에 윤5월이 든 뒤
다시 윤5월이 돌아오는 것입니다.

음력으로 윤달이 들면 그로 인하여
한 해에 2번이나 입춘이 드는 해를
재봉춘再逢春 해라 합니다.
이는 불행하게 되었다가
다시 되돌아온 행운이라 하겠습니다.
윤달은 태음력을 바탕합니다.
달의 영측盈昃을 기초로 하여 만든
책력冊曆을 '태음력太陰曆'이라 하고 있지요.
그에 의해 달의 자전주기와 달의 지구 공전주기
게다가 지구의 태양 공전주기를
총체적으로 계산하여 장만한 것이
열아홉 해에 일곱 번꼴로 드는 윤달입니다.

아무튼 윤달의 윤의 뜻은
'나머지'의 뜻 외에는 다른 게 없습니다.
그러므로 앞서는 들지 않았지만
윤閏 자에 문門과 왕王이 있음은
개인은 물론이려니와
국가적 차원에서
나라 곳집을 활짝 열어
어려운 이웃들을 도왔습니다.

그것이 윤여성세閏餘成世입니다.
한 사람, 하나의 생명이
한 가족, 한 단체,
한 고을, 한 도시, 한 광역단체
심지어 한 나라, 지구촌 모두가
제대로 주어진 시간을 유지하려면
입고 먹고 쉬고 누리면서도
아울러 여유가 있어야 가능합니다.
그것이 바로 '윤여성세'입니다.

0026 남을 여餘

餘

남음이란 잉여剩餘입니다.
잉여는 쓰고 남는 것을 뜻하지만
나머지가 나머지로 계속 남아 있게 되면
목적을 이룰 수 없습니다.
태양력에서 4년마다 갈마드는
2월 29일 마지막 하루도 그렇지만
태음력에서 달이 지구를
12번 돌고 11일 남짓 남았습니다.

이들 남은 날짜, 남은 시간이
한 해 속에 한가지로 섞여
함께 참여했을 때
비로소 온전한 한 해成歲가 됩니다.
마치 왕따로 인해 겉돌기만 하던 한 학생이
같은 학급 친구들과 서로 섞이고
친구들이 그를 받아들여
조화로운 클래스메이트가 될 때

온전한 학급이 이루어지듯 말입니다.

남을 여餘 자를 파자해 보면
먹을 만큼食을 제한 나머지余며
먹기는 먹되食 조금 남기라余는 뜻입니다
지금은 음식을 남기지 않음이
환경을 위해서도 좋고
음식이 만들어지기까지
생산하고 유통하고 조리한 분들의
정성과 노고에 감사하는 것이니 좋습니다.

우리 선조들에게는
'음식 남기기'라는 풍속이 있었습니다.
'음식 남기기 풍속'이라면
중국인들이 내세우는 문화 아닌가요.
옛날 우리 사대부 집안에서는
위로부터 음식을 남겼는데
아랫사람을 위한 배려에서였습니다.
가난한 시대 이야기입니다.
집안의 어른이 몇 숟가락 뜨고 남기면
아들들이 먹다 남기고
딸들이 먹다 남기고

손자 손녀들이 먹다 남기면
하인들이 먹는 그런 식이었습니다.
그것이 꼭 미풍양속美風良俗은 아니지만
여기서 나온 게 남을 여餘 자입니다.

음식食이란 사람人이 섭취攝取를 통해
허기를 면하고 선량良해짐입니다.
불교에서는 바리공양을 할 때
오관게五觀偈를 외웁니다.
그 오관게 끄트머리에
'도업을 이루기 위해 먹는다.'는
이바지철학供養哲學이 실려 있습니다.
'남을 여'라고도 새기는
'나 여余'자에 소박함이 묻어납니다.
내 해석이 꼭 옳은 것은 아닙니다.

-착어着語-
나余는 어떤 존재인가?
첫째 나는 사람人이다.
둘째 사람이란 자연木이다.
셋째 자연은 조화로 일통一한다.
넷째 일통은 너그러움餘이다.

0027 이룰 성成

成

'이루다' '성공하다'라는 말처럼
희망 섞인 언어가 또 있겠습니까?
이루다 외에도 많은 뜻이 담긴
이룰 성成 자 속내를 한번 들여다볼까요?

이루어지다, 갖추어지다
정리되다, 구비되다, 살찌다, 익다
우거지다, 일어나다, 왕성해지다, 성숙하다
나아지다, 고르게 되다, 나아가다, 크다
가지런하다, 고르다, 기대하다, 완성하다,
마침내 어른이 되다 따위입니다.

세간에서는 이룰 성成 자에 따른
공功이란 단어를 좋아합니다.
성공成功success이지요.
절집 안에서는 무엇을 기대할까요?
그렇습니다. 성도成道입니다.

도 이룸을 최종 목표로 하니까요
도보다 더 소중한 게 있습니다.
그렇습니다. 성불成佛입니다.
성도든 성불이든 중요한 것은 '이룸'입니다

이룸成이란 지음造이 아닙니다.
아무 것도 없는 데서
문득 생겨난 것이 지음이라면
이룸은 음식을 만듦과 같습니다.

여러 가지 재료를 바탕으로 하여
숱한 인연으로 말미암아
공들이고, 기술을 부여하고
온갖 솜씨를 발휘하며
거기에 가장 소중한 시간을 버무려
만들어내는 예술 담긴 요리처럼
그렇게 이루어가는 것입니다.

중국의 콩쯔孔子 선생께서도
'술이부작述而不作'이라 하셨지요.
서술할 뿐 창작이 아니라고
그렇습니다. 이룸은 겸손입니다.

'해이룸'이란 성세成歲도
나와 당신과 그와 우리가 함께하고
거기에 하늘과 땅과 이들 기운과
하늘 땅 사이에서 살아가는
초목과 미생물과 수많은 생명이
'해歲'라는 시간을 틀로 하여
차근차근 이루어가는 조화입니다.

이룰 성成 자와 비슷한 글자가 있지요.
다섯째 천간 무戊 자와
개 술戌 자, 지킬 수戍 자가 있는데
자신을 지키고 방어하는 창戈이란 도구를
비스듬丿히 들고 있는 게 특징입니다.

0028 해 세歲

"올해 춘추春秋가 몇이시지요?"

"뭐 춘추까지야. 나이지."

"연세年歲가 어찌 되시는지요?"

"연세? 그냥 나이야, 나이."

사람이 갖고 있는 본능 중에서

몇 가지를 뽑는다면

1) 재물을 모으려는 모음욕

2) 이성에 대한 점유욕

3) 음식을 찾는 섭취욕

4) 오르고자 하는 명예욕

5) 쉬고픈 수면욕(이상은 불교설)

6) 달리고픈 스피드욕

7) 보이고픈 맵시욕

8) 쌓고 싶은 지식욕

9) 멈추고픈 젊음의 욕구 등입니다.

해 세歲 자를 파자하면 젊음少에서 멈추고止픔입니다.

젊음에서 멈출 수 있다면 창戈과 같은 무기도 쓸 수 있고
사나운 개戌를 풀어서라도 지키고 싶은 것입니다.
부귀영화가 비록 뛰어나다 해도
젊을 때로 돌아갈 수 있거나 시간을 멈출 수 있다면
한꺼번에 버릴 사람이 꽤 있겠지요.

윤여성세閏餘成歲
윤달이 남아 해를 이룬다 했는데
과연 윤달이 무엇일까요?

윤閏여餘성成세歲

율律여呂조調양陽

0029 법률 율 律

0030 음률 여 呂

0031 고를 조 調

0032 볕 양 陽

삼년마다 윤달로써 한해이루고

율려로써 음과양을 조절해가네

율여律呂
the Chinese system of musical sounds
standard tones
music; the musical art.

'율여조양律呂調陽'입니다.
율여조양이라니
분명 율여조양이라고 했습니까?
얼마 전까지만 해도
오적의 김지하 시인이 강조한
바로 그 율여사상의 율여 말입니까?
그렇습니다.
'육양율六陽律'의 세계와
'육음려六陰呂'의 세계를 한데 아우르는
12율 소리와 풍류의 세계입니다.
어쩌면 세상에서 이리 아름다운 시가 있을 것이며
이토록 멋진 예술이 있단 말입니까!

그런데 나는 음악가가 아니어서인지 모르나
양陽의 소리와 음陰의 소리를 낱낱이 구분해내고
소리에 음양을 적용함이 이해가 가지 않습니다.
어쩌면 《악학궤범》과 같은

우리의 고전음악 서적들을
읽은 적이 없는 무지 때문일 것입니다.

소리라고 하면 그것이
생명으로부터 나오는 목소리든
사물로부터 나오는 소리든
굵게 가늘게
높게 낮게
빠르게 느리게
경쾌하게 무겁게
기쁘게 슬프게 따위라면
나름대로 이해가 가겠는데
음의 소리와 양의 소리라니요?

하지만 이러한 철학적 가림이
동양의 음악세계에서는
얼마든 가능하다는 것입니다.
천자문을 시작한 지 얼마 안 되나
지금까지는 검고 누르고
넓고 거칠고, 차고 이지러지고
오고 가고, 거두고 저장하고 따위였습니다.

그런데 지금 율여입니다.
소리 예술의 음악 세계입니다.
보는 세계와 더불어 듣는 세계는
생명이 외계를 받아들이는
대표적 통로라 할 수 있을 것입니다.

금강경 〈법신비상분〉에서
"보이는 모습에서 나를 보려 하고
 들리는 음성에서 나를 구한다면
 이 사람은 사도를 행하는 자라
 끝끝내 여래는 보지 못하리라"라고 하셨지요.
그러나 인간을 비롯한 모든 생명은
눈으로 사물의 빛깔을 보고
귀로 소리를 듣고
코로 냄새 맡고
혀로 맛보고
부딪치며
생각으로 헤아리는 과정을 떠나
한 걸음도 더 나아갈 수 없습니다.
특히 귀로 소리를 듣는 일이겠습니까?

율여의 소리 예술 세계는 독특합니다.

네거티브negative陰와
포지티브positive陽뿐만 아니라
옴, 아, 훔이라는 세 가지 소리와
궁, 상, 각, 치, 우로 표현되는
펜타토닉 스케일pentatonic scale
곧 다섯 가지 소리五音 세계를 담고 있습니다.

율여는 생명의 움직임 현상입니다.
심장이 뛰는 소리고
맥박이 고동치는 소리입니다.
아기가 엄마를 부르는 소리이고
아기에게 부르는 엄마의 노래입니다.
사랑하는 사람을 위해 부르는
세레나데에 율여는 들어 있습니다.

봄 새벽녘 소쩍새 울음에도
짝 그리워 우짖는 비둘기 소리에도
늦가을 밤의 보컬리스트
귀뚜라미 울음에도 율여는 있습니다.

정겨웁게 좋은 달=황종黃鐘
이래저래 좋은 달=대려大呂

삼천세계 좋은 달=태주太簇

사랑스레 좋은 달=협종夾鍾

오래도록 좋은 달=고선姑洗

유난히도 좋은 달=중려仲呂

치렁치렁 좋은 달=유빈蕤賓

팔만사천 좋은 달=임종林鍾

구비구비 좋은 달=이칙夷則

시나브로 좋은 달=남려南呂

동그마니 좋은 달=무역無射

설레이게 좋은 달=응종應鍾

홀수 달의 양율陽律일 때도
짝수 달의 음여陰呂일 때도
언제나 조화를 이루는 율여에서는
언제나 늘 좋은 달일 수밖에 없습니다.

나는 20년 전 달력의 이름을
위와 같이 바꾸고
요일 이름도 달리 만들었습니다.
같이 한번 보실까요

일요일 일찍부터 웃는 날=도

토요일 토실토실 웃는 날=시

금요일 근사하게 웃는 날=라

목요일 몽실몽실 웃는 날=솔

수요일 수더분히 웃는 날=파

화요일 화사하게 웃는 날=미

월요일 원도없이 웃는 날=레

일요일 일찍부터 웃는 날=도

0029 법률 률律

두인변彳의 척은 '조심스레 걸을 척'이며
또는 '조금 걸을 척'이라 합니다.
척彳이 촉亍을 만나면
형성문자 다닐 행行 자가 되는데
걸음 걸을 때 신발 끄는 소리
척과 촉彳亍에서 비롯된 의성어입니다.

아무튼 두인변 척彳의 뜻은

조심스러움이며 동시에 살핌입니다.
여기에 붓 율聿 자를 붙였으니
입법자든 사법자든
판사 검사도 그렇거니와
변호사까지도 조심스럽게
완벽하게 공평하게 살피길 요합니다.

이는 계율도 마찬가지입니다.
율을 실천하는 수행자나
남을 이끌어가는 지도자들은
자신이 걸어가는 발자국에 대해
조심스러울 수밖에 없으며
책임감 있게 움직이는 게 바람직합니다.

사람이 사람의 자격으로서
질서와 룰을 지키며 살아가는 것은
비록 수행자가 아니더라도
정갈하게 닦아가야 하지 않겠는지요.

0030 음률 여呂

윗입口과 아랫입口이 만남은
생각보다 친한 관계를 의미합니다.
세상에서 가장 소중한 벗은 아내와 남편 관계며
가장 많이 다투는 사람도 아내와 남편 관계고
가장 잘 인내하는 이들도 남편과 아내입니다.

그러기에 두 사람은 자나 깨나
가거나 오거나 머물고 앉고 움직이거나
언제 어디서고 늘 말이 필요합니다.
많은 대화를 나누어야 하기에 입이 2개呂입니다.
입이 2개가 위아래 여로 연결됨은
소위 대화 채널을 고정한다는 뜻입니다.

음률 여呂 자는 이야기꾼입니다.
법을 다루는 검사며 변호사입니다.
변호사는 언어辯를 통해
의뢰인을 변호해야 하기 때문에

늘 의뢰인과 입을 맞추어야 하지요.
그래서 입이 2개인 것은
의뢰인과 변호사의 입입니다.

음률 여몸 자는 등뼈입니다.
위의 사각형은 머리이고
아래 사각형은 몸입니다.
늘씬한 목 l 으로 연결되었는데
사람의 등마루 곧 척추가 건강함을
한눈에 보여주는 그림문자象形文字입니다

음률 여몸 자가 무엇입니까?
날줄을 건 베틀의 도투마리입니다.
도투마리가 크고 튼실해야
걸어 놓은 날줄의 실이 엉키지 않고
무난히 씨줄을 한 줄 한 줄 엮어
베를 짤 수 있습니다.
음악에서 음률은 도투마리와 같지요.

양율과 음여가 다 같이 소중하지만
날줄은 음이고 씨줄은 양인데
음여로서의 날줄이 부실하면

양율로서의 씨줄이 엮이지 않습니다.
음악도 마찬가지입니다.
씨줄 양율이 온전하게 표현되려면
날줄 음여가 제자리를 지켜야 하지요.

0031 고를 조調

調

여기에 담긴 뜻은 고르다, 조절하다, 어울리다
길들이다, 적합하다, 보호하다, 옮다
비웃다, 속이다, 뽑히다, 불러내다
걷다, 조사하다, 연주하다, 헤아리다
부드럽다, 준비하다 따위입니다.

삶에 있어서 조화의 기구는
첫째도 대화言요
둘째도 대화語며
셋째도 대화話입니다.
고를 조調가 말씀 언言 변에

두루 주周 자를 쓰는데 어째서일까요?
바로 대화의 중요성 때문입니다.

말言의 본능은 정체가 아니라
퍼져나감周으로 그 힘을 삼습니다.
소리口가 멀리冂 퍼져감에는
자연土을 이용합니다.
소리는 매질을 통해 전달됩니다.
옛날에는 소리의 전달이
매질을 통한다는 것을
몰랐을 수도 있었을 것입니다만
소리 파동에 대한 연구는
범종의 주조 기술에 그대로 적용되었습니다.
나라 보물國寶 에밀레종의 경우에서도
음통音筒을 만들어 범종의 소리가
멀리, 그리고 장엄하게 퍼지도록 했지요.

그리고 종구鐘口 아래 땅을 파서
범종 소리가 회전하면서 은은하게
멀리 퍼지도록 지혜를 발휘한 것입니다.
두루 주周 자 속에서 엿보이는 것도
바로 이러한 음통의 원리입니다.

0032 볕 양陽

陽

볕陽은 어디에서 올까요.

태양日에서 옵니다.

아주 사소한 빛도 해日에서 옵니다.

촛불이나 산불이나

열원熱源은 오직 태양입니다.

볕 양陽 자에 해日가 들어 있음이 그 증거입니다

글자 속에 과학이 들어 있을까요.

과학의 개념과는 상관없이

글자가 만들어졌다 하더라도

모든 볕은 으레 태양에서 옵니다.

사람들은 더러 질문합니다.

"우주에는 상상 밖의 은하계가 있고

우리 은하계도 헤아릴 수 없는

항성恒星 곧 붙박이별이 많이 있는데

왜 우리 지구를 비롯한 행성들은

태양 빛과 볕에 의존합니까?"라고요.

대답은 아주 간단합니다.
비록 1억 5천만km 떨어져 있지만
다른 항성과는 전혀 비교가 안 될 정도로
태양은 지구에서 가장 가까우니까요.
이 태양 에너지를 전해 받아
산소도 만들어 내
불의 원료로 공급되고
석유와 석탄이 생깁니다.
전기도 애초부터 태양이 없었다면
난방하고 불을 밝히고
컴퓨터를 만들어 사용하고
스마트폰을 사용하지 못했겠지요.

태양계 다른 행성도 마찬가지이지만
우리 지구에서도 태양의 위치는
그야말로 절대적입니다.
물론 율여조양에서 양陽은
같은 볕 양陽 자를 쓰고 있지만
음악의 하모니, 조화를 얘기합니다.

조양이라는 단어 속에는
조음調陰도 들어 있음을 아시는지요?

그리고 나는 앞서 율여에 대해
언급하지 않은 게 있습니다.
그게 뭔지 몸소 한번 찾아보시길…….

운雲등騰치致우雨
로露결結위爲상霜

0033 구름 운 雲

0034 오를 등 騰

0035 이를 치 致

0036 비 우 雨

먹구름은 솟아올라 비를내리고
이슬맺혀 마침내는 서리가된다

0033 구름 운雲

雲

스코틀랜드 속담을 한번 볼까요?
'세상에 나쁜 날씨는 없다
준비 안 된 사람만 있을 뿐이다.'

앞서 '율여조양'에서도 얘기했지만
다달이 좋은 달이고
나날이 좋은 날이라고 한다면
율여가 조양하지 못할까를
전혀 염려할 필요가 없습니다.

정겨웁게
이래저래 삼천세계
사랑스레 오래도록 유난히도
치렁치렁
팔만사천 굽이굽이
시나브로 동그마니 설레이게
좋고, 좋고, 그리고도 좋은 달

생각만 해도 기분 좋지 않습니까?

한 주를 내내 돌아가며
일찍부터, 원도 없이, 화사하게
수더분히, 몽실몽실, 근사하게, 토실토실
또다시 일찍부터 웃는 날이라면
율여가 조화롭지 못하다고
염려하거나 걱정할 필요가 없습니다.

〈구름이여!〉

구름이여!
특별히 정해진 곳 없이
어디로든 훌쩍 떠날 때
나는 당신의 이름을 불러봅니다.

구름이여!
나의 생각이 얽매이지 않고
한없이 자유로울 때
나는 당신의 모습을 떠올립니다.

구름이여!
늙어가는 내 삶의 시간에서
더없이 고요함을 찾을 때
나는 당신의 흐름을 느껴봅니다.

구름이여!
오르고 싶을 때 오르고
주저앉고 싶을 때
끝 모를 밑바닥이라 하더라도
그냥 내려가며 나를 무등 태울 수 있으니
아, 내가 당신을 사랑하나 봅니다.

구름이여!
덮어놓고가 아니라
엎어놓고 좋아한다 해서
업퍼 클라우드上層雲라 했나요.
지상 6천 미터에서부터
1만 3천 미터에 이르기까지
그 높은 곳에 머무르기
어지럽지 않고 혹 춥지 않습니까?

하긴 당신의 몸이

바로 얼음 결정체이니
얼음이 추위를 싫어할 리가요.
얼음의 도반은 추위이듯
늙어감의 도반은 시간인데
어찌하여 시간의 벗인 늙음을
나는 가까이하려 하지 않는 걸까요.

구름이여!
믿음이 아니라
중간이란 미들 클라우드中層雲
당신은 참 좋겠습니다.
지상 2천 미터에서부터 6천미터까지이니
거기에는 말라리아 모기도 없고
메리스도, 사스도 없고
찌는 더위도 없을 것이니 말입니다.

구름이여!
당신은 참 좋겠습니다.
더우면 그냥 위로 올라가고
추우면 내려오면 되니까
당신은 산소가 부족하다 하여
고산병高山病을 두려워하지 않고

이산화탄소 수치가 높다 하여
콜록댈 일도 없으니 말입니다

구름이여!
당신의 몸은 상운과 달리
얼음 결정과 물방울이지요
때로는 물방울로
때로는 얼음 결정이 아니라
위로 오르면 얼음 옷으로 갈아입고
아래로 내려오면 물방울 옷으로 갈아입는 당신이여!

나는 당신에게서
삶과 죽음의 관계를 배웁니다.
따지고 보면 죽음은 입고 있던 옷 벗어 놓음이고
다시 태어남은 새옷 갈아입음일 따름이니
'옷 갈아입기'와 같다고 했던가요.
그래서일까
옛 어른 스님이 말씀하셨습니다.
"태어남이여, 뜬구름 일어남이요
 죽음이여, 뜬구름 사라짐이라
 뜬구름이 실체가 없듯이
 태어나고 죽는 일 가고 옴도 그러하여라." 라고요

구름이여!
편히 쉬라고 누워가 아닌
낮은 곳, 로워 클라우드下層雲여,
일렁대는 바다로부터
지상으로부터 2천 미터까지
당신의 거처를 생각하면
나는 킬리만자로가 눈에 선합니다.

꼬박 네 해 동안 머물던 곳이
6천 미터급 킬리만자로 산기슭으로
해발 2천 고지였으니까
아침 해오름이 시작되면
내 머물던 마랑구 게이트 옆구리는
그야말로 장관의 장관이었지요.

2천 미터 아래로 펼쳐진 하얀 하층운 구름은
비행기 창밖으로 보이는
구름 솜과 한 치도 다름이 없습니다.
고개를 들어 위를 쳐다보면 완벽한 황금빛깔로
반짝이는 킬리만자로 정상 기포Kipoo 봉우리!
만년설을 이고 있는 게 아니라
황금 가사를 입은 아미타불입니다.

구름이여!

당신의 몸은 물방울이지요.

추운 겨울이 아니라면

당신이 머무는 그 높이에서는

당신의 몸을 얼릴 수 없으니까요.

어쩜 당신의 정체는 이른 새벽 호숫가에서

솔솔 피어오르는 물안개는 아닐지

혹은 내리던 비가 개면서

인간의 삶이 궁금하다고

사부작사부작 내려오는

산안개는 아닐까 하고 생각합니다.

아! 구름이여, 구름이여!

새털구름卷雲

털층구름卷層雲 햇무리 달무리

비늘구름卷積雲

높쌘구름高積雲 양떼구름

높층구름高層雲 회색 차일 구름

비층구름亂層雲 잿빛 구름

층쌘구름高積雲 두루마리 구름

안개구름層雲 이슬비 구름
쌘비구름積亂雲 소나기구름
쌘구름積雲 뭉게구름
렌즈 구름lens Clouds
제트 구름Jet Clouds
아! 구름이여, 구름이여!

당신의 나의 소중한 벗입니다그려.

0034 오를 등騰

騰

말馬에도 여러 가지가 있습니다.
품종도 다양하지만
용도에서도 다를 수 있습니다.
일반적으로는 승마용이고
경주용 말이 있는가 하면
농경마를 비롯하여
짐꾼말 등 사역용이 있습니다.

오를 등騰 자의 등은 움직씨動詞면서
사역使役 말의 이름씨名詞입니다.

그러니까 등騰은 체신용 말입니다.
옛날이나 지금이나
우편물 배달은 특수한 예지요.
우편집중국 집배 차량은
119차량처럼 긴급을 요할 때
특수한 예를 적용하고는 합니다.
물론, 택배는 특수 차량이 아닙니다.
전쟁이 일어났을 경우에도
우편 배달은 특수한 예를 적용하여
국제간 규약이 있었습니다.
아무나 함부로 손대지 못하도록
등騰이란 말의 용도는 체신용 말입니다.
암말은 새끼를 밸 수도 낳을 수도 있었기에
반드시 수말이어야만 했습니다.

게다가 수말이라 하더라도
불깐말이라야 자격을 주었지요.
불깐말은 거세한 말입니다.
평범한 수말일 경우 퀵서비스 중에

배란기의 암말을 발견하게 되면
본능을 드러내게 마련이고
따라서 임무를 다할 수 없었으니까
그만큼 예나 이제나
우편 집배의 역할은 중요했습니다.

'오름'에는 이 등騰 자 외에
대표적인 것이 이 오를 등登 자입니다.
그런데 왜 그 등登 자가 아니고
이 등騰 자를 놓았을까요.
두 가지를 생각해 볼 수 있습니다.
첫째는 천자문의 특성상
같은 글자를 놓을 수 없기 때문이고
둘째는 그 등登 자보다
이 등騰 자가 어울리는 까닭이지요.

이를테면 "아바로키테스바라'를
'관세음'이라 옮기면서
볼 견見, 볼 시示, 볼 간看, 볼 관觀 등
같은 뜻을 지닌 많은 글자 가운데서
볼 견見이나 볼 시示, 볼 간看 자도 아닌
볼 관觀 자를 선택한 것은

중생들의 삶을 살피심에 있어서
황새, 독수리 등 새의 시력을
비유로 가져오기 위해서였습니다.

볼 관觀 자에는
황새 관雚, 독수리 관雚 자로 새겨지는
관雚과 볼 견見 자를 합한
겹친 뜻이 고스란히 담겨 있습니다.

참고로 볼 견見 자는
눈目으로 사물을 보되
어린아이의 호기심儿으로 보고
볼 시示 자는 남움직씨他動詞 '보다'가 아닌
제움직씨自動詞 '보이다'입니다
내가 보고 싶다 해서 볼 수 있는 게 아니라
신이나 부처가 계시하고 보여줄 때
마음의 세계로 느끼기에
질량을 지니고 있는 물질보다
정신 세계로 본다고 보면 되겠습니다.

그리고 볼 간看 자는
눈目 위에 한 손手을 얹고 보기에

자세히 본다는 뜻이 있으며
책을 읽거나 신문을 읽는 것 등이
이 간看에 해당합니다.
절에서 경전을 읽는 일을 간경看經이라 하고
환자 돌봄을 소위 간병看病이라 하지요.

또한 이미지를 볼 때도 쓰이는 말인데
중국어에서 예쁘다는 말이 하오칸好看입니다.
'보기 좋다' '좋아 보이다'로 직역할 수도 있지만
'귀엽다' '아름답다' '우아하다' 등
구어체로 얘기합니다.

그리고 마지막으로
볼 관觀 자는 뛰어난 시력으로
중생들의 삶을 꼼꼼히 살피시는
관세음보살의 크나크신
지혜와 자비를 표현하고자
빌려온 글자라고 해야 할 것입니다.

그런 뜻에서 오를 등騰도
수말은 암말에 비해 힘月이 좋고
어떠한 굽은 길关에서도 속도를 줄이지 않고 달리며

높이 멀리 당차게 그리고 힘 있게騰 달릴 수 있듯
수증기가 바람을 타고 오르는 기세를
이에 견준 것입니다.

구름이 만들어지는 과정은
따뜻한 공기와 찬 공기의 만남으로
이루어지는 것은 익히 아시지요?

00035이를 치致

이를 지至 자와
천천히 걸을 쇠夊자가 합하여
이루어진 글자입니다

0036비 우雨

雨

비 우雨 자는 그림 문자입니다.
가로 그은 것一은
하늘의 구름을 뜻하고
아래 울타리冂는 멀 경冂 자로서
우산이나 지붕이란 의미보다는
비가 한 곳에만 내리는 것이 아니라
지역의 범위가 넓다는 뜻이지요.

수직으로 내리꽂은 것丨은 뚫을 곤丨자인데
빗물은 기체인 수증기水蒸氣와는 달리
액체로서 중력의 법칙을 따릅니다.
따라서 빗물이 방울방울
아래로 떨어짐을 나타낸 것입니다.

비 우雨 자가 부수로 들어간 글자는
모두 빗물과 관련이 있고
서리와 관련이 있고

눈과 관련이 있고

이슬과 안개 따위와 관련이 있습니다.

쉬어가기

내가 24절기 이름을
순수한 우리말로 바꾸면서
매년 2월 19일에 든 우수雨水를
'눈빗물'이라 풀었습니다.
내 책《아미타경을 읽는 즐거움》(서울 민족사)
210쪽에 도표Graph로 나옵니다.

책을 읽은 후배가 물어 왔습니다.
"크크큰스님, 조조좋은 일 하하하셨데요?"
내가 되물었지요.
"좋은 일이라니 무슨 좋은 일?"

말을 좀 심하게 더듬는 후배입니다.
"스스스스님 책에 보보니까.~"
내가 추임새를 넣었습니다.
"어 그래, 보니까!"
"우우우수를 누누눈빗물이라 하~ "
"눈빗물이라 풀었지."
"원문 우수에는 누눈이 없는데~"

"그런데 왜 눈을 집어넣었느냐?"
"네, 크크크큰스님 왜왜왜요?"

우리는 일반적으로
수증기가 더운 공기를 타고 높이 올라가
거기서 비구름으로 만들어진 뒤
바로 내리는 것으로 알고 있습니다.
그러나 비가 내리기 전에
모든 비는 눈이었고 얼음이었지요.
따라서 비는 눈에서 왔습니다.

인과 과정에서 보더라도
눈이 먼저고 비는 나중입니다.
마치 모든 사람은 처음에는 여성이었고
그 중에서 남자로 태어날 아기는
태아가 자라는 과정에서
유방이 점차 줄어들고
생식기가 돌출되기 시작하듯
눈과 비의 관계도 역시 그러합니다.

구름 속에는 물방울과
얼음 알갱이가 늘 함께 있습니다.

이때 물방울에서 증발한 수증기가
얼음 알갱이에 들러붙으면
점점 커지다가 내릴 때
어는 점보다 낮은 기온이라면 눈이 되지요.

만일 같은 과정을 거쳐
얼음 알갱이가 싸락눈이 되고
그 싸락눈이 내릴 때
어는 점보다 기온이 올라가면
맞습니다. 녹아서 비가 됩니다.
따라서 눈과 비는 같은 운명이다가
내릴 때 어는 점에 따라
눈이 되기도, 비가 되기도 하지요.

열흘 넘게 세계를 공포로 몰아간
엄청난 한파도 한파려니와
저체온증低體溫症으로 체온이 떨어져
타이완을 비롯해 곳곳에서
많은 사람들이
안타깝게 세상을 떠나고 말았습니다.
영상에서 얼어 죽는다고 하는 게
과연 이게 말이 됩니까?

영하라면 또 모를 일이지만
영상에서 얼어 죽는 것은 크게 두 가지입니다.
실제 영하에서 한참이나 내려간
아주 낮은 기온 때문이고
다른 하나는 체감 온도 때문입니다.

체감 온도는 몸으로 느끼는 온도로
실제 온도와 차이가 있습니다.
사람 몸의 구성은 75%가 물입니다.
마시는 물, 미네럴 워터가 아니라
몸의 구성비가 그렇다는 얘기입니다.
가령, 수분을 함유하지 않은
마른 나무나 쇠붙이 등은
체감 온도와 아무런 상관이 없습니다.

사람은 살아 있는 생명이고
살아 있는 요건은 혈액을 포함하여
몸을 이루는 기능의 대사가
잘 이루어지고 있는 까닭입니다.
이처럼 산 사람의 체감은
온도, 습도, 풍속 따위에
많은 영향을 받고 있습니다.

풍속에 따라 달라지지만
보통 차가운 바람이 함께 불어오면
실제 온도가 10도라 하더라도
체감 온도는 영하 5도일 수도 있지요.

마중쉼初伏, 버금쉼仲伏, 배웅쉼末伏이라는
삼복三伏더위가 다 지나고
선선한 바람이 부는 8월 말 9월 초
샤워나 수영을 하고 난 뒤
몸의 물기를 바로 닦지 않으면
영상 15도, 20도라도
저체온증에 걸릴 수 있습니다.
바로 바람 때문입니다.

한여름 찌는 무더위가
더욱 짜증 나게 느껴짐은 습도 때문이고요
사막에서는 습도가 낮으므로
뜨거울지언정 불쾌지수는 낮습니다.
바닷가나 분지 따위의 더위가
더욱 힘들게 느껴지는 것도
바람의 흐름이 없는 데다 습도가 높기 때문이지요.

파자로 읽는 천자문 강의를 진행하면서

천자문과 관련 없는 기초상식은 왜 꺼내느냐고요?

네, 이게 바로 천자문 얘기입니다.

바람이 없거나 습도가 높지 않으면

저체온증으로 사망하지 않으며

불쾌지수로 인해 함부로 짜증 내지 않습니다.

운雲등騰치致우雨

로露결結위爲상霜

0037 이슬 로 露

0038 맺을 결 結

0039 할 위 爲

0040 서리 상 霜

먹구름은 솟아올라 비를내리고

이슬맺혀 마침내는 서리가된다

이슬 로露 자와 서리 상霜 자는
둘 다 비雨를 뿌리根 줄기幹로 합니다.
자 다시 정리해 봅니다.

(1) 공기 중에는 수증기가 있다.
(2) 기온이 오른다.
(3) 데워진 공기가 수증기를 부른다.
(4) 차가운 공기가 달라붙는다.
(5) 식은 공기는 물방울이 된다.
(6) 식은 공기의 핵은 물방울이다.
(7) 물방울의 중심은 먼지다.
(8) 먼지에는 소금 알갱이가 있다.
(9) 이 응결핵을 중심으로 뭉친다.

이렇게 해서 덩치가 커지고
세력이 점차 확장된 것이 구름입니다.
이들은 계속 위로 오르며
지상으로부터 1,300m 이상이 되면
응결 높이에 이르는데
여기서 구름으로 응결되지요.

구름이 생기는 곳이

반드시 바다만은 아닙니다.
바다 위 공기가 따뜻해져서 오를 때
거기서 구름이 생기는 것 외에
산으로 바람이 불면서
공기가 상승할 때 구름이 생기고
태양열에 데워진 지표 부근 공기가
상승할 때 구름이 생깁니다.

찬 공기가 따뜻한 공기 밑을 파고들어
따뜻한 공기를 상승시킬 때
구름이 생기는가 하면
따뜻한 공기가 찬 공기 쪽으로 움직이면서
찬 공기 위로 상승할 경우 구름이 생깁니다.
요컨대 더운 공기의 상승입니다.

구름은 그렇고 앞에서는 눈이 원인이고
비가 결과라 했는데 맞습니다, 그렇습니다.
눈으로 내리고, 비로 내리고
이슬과 서리가 되고 하는 것은
내리는 과정에서 운명을 달리합니다.

기온이 낮으면 그냥 눈으로 내리고

기온이 높으면 비가 되듯이
눈으로 내릴 정도 기온이 아니라면
이슬로 내리면서 서리가 되든가
그냥 이슬로 내리겠지요.

0037 이슬 로露

비 우雨 자는 의미 값이고
길 로路 자가 소릿값입니다.
이를 형성문자形聲文字라 하지요.
다시 말해서 의미소意味素 비 우雨 자에서
글자의 뜻을 찾을 수 있고 함께한 길 로路 자에서
아하 '로'로 읽으면 되겠구나 하고
발음하는 것입니다.

따라서 이슬 로露 자의 로路는
여기서는 특별한 뜻 없이 그냥 소릿값이지만
길 로路 자 한 자만을 놓고 본다면

담긴 의미가 생각보다 꽤 깊습니다.

로路는 발길足 따라各 이어진
아주 작은 길의 뜻이지만
더 작은 길은 항巷일 것입니다
항巷은 도시의 골목길이고 시골의 오솔길이지요.

홍콩Hongkong이라 발음하는 곳
한때 영국의 영토였다가
다시 중국으로 돌아간 샹강香巷
지저분한 거리陋巷가 아니라
향기로운 거리香巷입니다

도道는 버금도 아닌
으뜸首으로 걸어辶갈 길이라 하여
눈에 보이는 길만이 아니라
정신적인 길까지 포함하기에
타오이즘道taoism이 생겨났습니다.
가街는 포장되지 않은 흙길圭 가로
인도彳亍가 잘 정리된 길이지요
때로 연인끼리 데이트步調 중에
별圭을 세며 걷는 길인데

지금은 거의 포장도로이겠지요?

도途는 혼자余 가는辶 길입니다.
죽어서 가는 길途은 어느 누구도 동행자가 없지요.
모든 생명은 자신余의 길을
쉬엄쉬엄辶 걸어서 갈 뿐입니다.
요즘은 도로도 매우 다양해져서
고속도로, 자동차 전용도로, 산간도로
우회도로, 간선도로, 고가도로를 비롯하여
터널, 지하철, 뱃길, 항공로, 등산로
올레길, 둘레길 등이 있습니다.

0038 맺을 결結

가장 대표적인 의미가
바로 좋은吉 인연을 맺음糸입니다.
결연結緣이나 결혼結婚도
결국 따지고 보면 좋은 인연의 연결입니다

좋다, 길하다의 길吉은 땅土을 가진 사람口이지요
살아가는 데 필요한 자기 땅을 비롯하여
자기 건물을 갖고 있음 그대로가
좋은 일이고 길한 조건입니다.

0039 할 위爲

손톱조爪 부수에 들어 있습니다.
일반적으로 어미 원숭이가
새끼를 위해 발톱을 이용하여
먹을 것을 장만한다 하여
만들어진 글자라고들 하는데
아래불화灬 자가 있는 것으로 보아
원숭이보다는 맹금류일 것입니다.

하긴 시조새archaeopteryx 한 마리를 놓고도
조류냐 파충류냐 논쟁도 있었지만
할 위爲 자는 원숭이가 아니라

분명 조류며 발톱으로 보아 맹금류가 맞습니다.

0040 서리 상霜

霜

서리는 이슬이 얼어서 된 것입니다.

과학적으로도 증명되었지요.

서리 상霜 자도 꼴形소리聲문자로

비 우雨 자는 의미소이고

서로 상相 자는 소릿값입니다.

상相 자는 앞으로 훑어볼 기회가 있겠지요?

금金생生려麗수水
옥玉출出곤崑강岡

0041 **쇠 금**金

0042 **날 생**生

0043 **빛날 려**麗

0044 **물 수**水

여수에서 나는금이 최상의품질
곤강에서 나는옥이 으뜸이로세

0041 쇠 금金

천자문 지은이는 노래합니다.
여수에서 나는금이 최상의품질
곤강에서 나는옥이 으뜸이로세

그러나 이 세상에서
금이 가장 많이 나는 나라는
'남아프리카공화국'입니다
동아프리카 탄자니아 머물 때
가장 많이 들었던 얘기지요.

10년 전 당시 얘기로는
남아프리카공화국에는
황금 매장량이 3억 1천만 톤이고
이를 돈으로 환산했을 때
벌린 입을 다물 수 없었습니다.
당시는 환율이 1,000/1이었는데
요즘(2016년)은 1,200/1쯤입니다.

요즘 금값 시세를 알아보니
금 3.75g 곧 1돈에 230,000원
금 1kg이면 약 6천만 원
금 1톤이면 6백억 원
금 3억 1천만 톤이면
자그마치 1,860경 원이 되겠네요.
그러나 매장량만으로는
경제지표를 삼을 수는 없습니다.

인터넷에서 자료를 찾던 중
2013년 세계은행 발표로 된 것을 보고
나는 소스라치게 놀랐습니다.
대한민국 국내총생산이
1조 3,050억 USD가 아닌
1,305조 USD라고 되어 있었니까요.

아무리 계산을 하더라도
뭔가 많이 잘못된 듯싶습니다.
인터넷 자료를 맹신하여
실언失言을 하는 경우가 종종 있는데
조심해야 할 일 중 하나이지요.

1조 3,050억 USD라면
국민 1인당 26,100달러인데
기록대로 1,305조 USD달러라면
2013년도 1인당 생산이
2,610만 달러에 해당됩니다.
아직 선진국 어느 나라도
국민 1인당 소득이 10만 달러도 아니고
2,610만 달러는 없기 때문입니다.

그건 그렇고요.
바닷물에 녹아 있는 황금의 양도
결코 만만치가 않습니다.
휴 엘더시 윌리엄스의 책
《원소의 세계사》(RHK) 38~40쪽에 따르면
바닷물 1톤에는 평균
20mg의 황금이 들어있습니다.

따라서 전체 바닷물 양으로 미루어 환산할 때
바닷물에는 약 270억 톤의 황금이
녹아 있다는 결론이 나옵니다.
이는 남아공 황금 매장량의
무려 90배에 달하는 수치입니다.

여수는 유명합니다.
전남 여수시는 임진왜란 당시
충무공 이순신 장군의 활약으로
조선을 왜나라倭로부터 지켜낸 곳입니다.
또한 흥국사를 중심으로
의승수군義僧水軍들이 자발적으로 일어나
전라 좌수영 충무공 이순신을 도와
전쟁을 승리로 이끈 곳입니다.

여수시는 1읍 6면 20동으로
서울특별시 면적의 80%에 달하는
503.83제곱km나 됩니다.
2015년도 인구는 29만 명이며
한려해상 국립공원 오동도와
다도해해상 국립공원으로 거문도
연도 백도 금오도 화태도 행간도 등이 있으며
사도는 공룡화석지로 유명합니다.

볼거리로는 향일암을 비롯하여
전남해양수산과학관과
이순신 장군의 진남관이 있고
아쿠아 플라넷 엑스포 해양공원이 있고

교육기관으로는 국립 전남대 여수 캠퍼스와
전문대학으로 한영대학이 있으며
유치원이 73개원
초등학교 50개교
중학교 23개교
고등학교 15개교가 있습니다.
먹거리로는 서대회를 비롯하여
게장이 있고, 돌산갓김치가 유명합니다

여수를 배경으로 한 영화로는
가문의 영광2002/아홉 살 인생2004
여선생 VS 여제자2004/인어 공주2004
혈의 누2005/아이스케키2006/신세계2013
도희야2014/해무2014 등이 있습니다.

여수는 1949년 8월 15일
여수시로 승격하였으니 70년 역사가 있고
1998년 여수시 여천시 여천군을
여수시로 통합하였습니다.
다시 말해 삼려통합시입니다.

중국 윈난성Yunnansheng云南省

리지앙시Lijiangshi麗江市
리쉐이Lishui麗水에서는
금이 난나고 하고 있습니다만
이처럼 우리나라 전남 여수시는
금보다 훨씬 더 소중한 것을
많이 갖고 있는 도시입니다.

천자문에 등재된
한자부터 살펴보도록 하겠습니다.
쇠 금金 자에 담긴 뜻은
'쇠 금'이라는 새김 밖에
성 김/성씨 김/쇠/황금/돈/화폐/금나라와
고귀함을 나타내는 글자입니다.
숱한 세월이 흐르고 쌓여
지금 이 시간에 이름을 표현하는
이제 금今 자 생략형에 흙 토土로 이루어졌으며
흙 위에 두 개의 점丶丶을 올린 것은
금이 땅 속에 있었다는 뜻입니다.

금문金文을 놓고 볼 때 위 해석이 맞습니다.
그러나 오늘날 쇠 금金 자에는
조금은 다른 풀이도 가능합니다.

사람人은 황금金을 귀히 여깁니다.
하지만 금이 비록 중하더라도
이 세상一에서 '나余'보다
더 소중한 것은 어디에도 없다는 뜻이지요.

또 다른 해석은 사람人은 하늘干과 땅土에서
가장 소중金한 존재라는 뜻입니다.
이는 사람이 하늘과 땅에서 태어나
하늘과 땅을 의지해 살아가며
땅土에서 나는 곡물禾을
황금보다 소중히 여긴다는 뜻입니다.

0042 날 생生

풀이나 나무가 싹트는 모양으로
생기다/태어나다/만들다 외에
나다/낳다/살다 /기르다/서투르다
싱싱하다 와 같은 움직씨가 있는가 하면

백성/사람/삶/날 것/선비/자기 등
이름씨가 있습니다.

오늘날의 쇠 금 자를 풀듯
나는 이 날 생生 자도
문헌에 의지하지 않은 채
쉽게 이해할 수 있도록 풀이합니다.
삶生이란 고통 그 자체입니다.
어찌 고통뿐이겠습니까?
삶이란 곧 조심스러움이지요.

삶生이라고 하는 것은
소牛가 외나무다리一를 건넘입니다.
소는 포유류哺乳類면서
돼지 등과 함께 발톱이 다르지요.
이런 발톱으로는 외나무다리를 건너기에는
그다지 적합하지 않습니다.
삶生이란 태어난 이후
죽음이라는 녀석이
삶 끄트머리에 성큼 다가올 때까지
그에게 주어진 모든 시간입니다.
삶이 쉽지 않은 데는

여러 가지 이유가 있겠지요.

먹고살기 힘들어서일 것입니다.
경제활동이 쉽습니까?
다만 먹고사는 것뿐이라면
인간은 다른 동물보다는
해결할 방법을 많이 알고 있습니다.

사람이라고 하는 생명체는
문화를 느끼고, 문화를 배우고
문화를 만들어가는 존재입니다
사람은 문화를 누리는 까닭에
위를 채우고, 소화하고
장을 비우는 삶에서 더 나아가
정신세계의 고양, 철학할 수 있는 존재입니다.

먹고살기가 그다지 어렵지 않더라도
뜻밖의 질병이 찾아오고
늙고 싶지 않은데
나이 먹고 주름 늘어나고
사랑하는 가족과 헤어지고
미워하는 사람과 만나게 되는

모든 과정이 알고 보면 괴로움입니다.

낳음生이란 어떻습니까?
생명이 생명을 만들어 낳는 것이
생각보다 쉬운 게 아닙니다.
"애 낳기보다 힘들다"란 속담이 있지요.
낳는 산모만 고생이고
태어나는 아기는 고통이 없을까요?

엄마의 산도를 질膣이라 합니다.
질膣은 질窒과 자매간입니다.
질窒은 질소窒素의 질과 형제간이지요.
'숨막힘'이라 할 것입니다.
태아가 엄마 산도膣를 통과할 때
엄청난 숨막힘을 느낍니다.
이 숨막힘의 관문은
어떤 시험 과제보다 어렵습니다.

0043 빛날 려麗, 0044 물 수水

麗水

사슴鹿이란 동물이

눈이 아름답기丽로 유명하고

물水은 허물 벗은 얼음氷이지요

아! 물에 대해 하고픈 얘기는

넘치고 또 넘치는데.....

금金생生려麗수水
옥玉출出곤崑강岡

0045 구슬 옥 玉

0046 날 출 出

0047 메 곤 崑 昆

0048 메 강 岡 冈/언덕 강

여수에서 나는금이 최상의품질
곤강에서 나는옥이 으뜸이로세

금과 옥의 다른 점이 무엇일까요?
금은 금金이고 옥은 옥玉입니다.
옥이 세간의 왕을 상징한다면
금은 출세간 부처를 상징합니다.
왕의 음성은 옥음玉音이고
부처님 말씀은 금언金言입니다.

옥은 한 번 부서지면 회복이 안 되고
금은 부서져도 다시 뭉칩니다.
따라서 왕은 정치를 하매
일사부재리一事不再理이고
부처님은 중생을 위해
팔만사천 번이라도 다시 오십니다.

옥은 부서지면 회복이 되지 않듯
왕이 자리에서 쫓겨나면
다시는 백성의 신임을 얻을 수 없습니다.
금은 연성과 전성이 뛰어나듯
부처는 중생을 위해 눈높이로 내려와
끝없이 중생을 살피고 또 살핍니다.

옥은 왕가의 소유물이기에

왕王과 옥玉은 결국 같은 집안이고
금의 본질은 변하지 않기에
불보살은 금으로써 개금改金합니다.
금은 광물鑛物에 속하고
옥은 보석寶石에 속합니다.

금은 물麗水에서 나고
옥은 산崑崙에서 납니다.
물은 무유정법無有定法의 상징이고
산은 부동과 법치의 상징입니다.
물은 지혜이기에 반야를 설하고
산은 어짊이기에 인을 설합니다.
옥은 인이라 비취색이지만
금은 지혜라 황금색입니다.

금이 화려하다면
옥은 영롱합니다.
옥이 믿음의 상징이라면
금은 불변의 상징입니다.
옥은 영어로 자이드Jade고
금은 영어로 골드Gold입니다.

금은 연성軟性과 전성展性이 뛰어나기에
길게 늘이거나 펼 수 있습니다.
가령 각 1인치 정육면체 크기의 금을
계속해서 얇게 넓게 펼쳐간다면
가세높 10미터 큐브 공간을
뒤덮을 수 있을 만큼 넓게 폅니다.
이처럼 부처님 말씀은
그 원질은 작으나 그 법의 크기는
삼천대천세계를 다 덮고도 남습니다.

금은 원자번호가 79이므로
상당히 무거운 원소에 속합니다.
원소 기호는 Au로
라틴어 아우룸Aurum에서 기인했지요.
주기율표Periodic table에는
11족, 6주기, d구역에 놓여 있고
화학계열은 전이금속이며
원자 질량은 196.967(7) g/mol이고
준위별 전자 수는 2.8.18,32,18,1입니다.

0045 구슬 옥玉

玉

옥은 구슬이나 옥玉jade 말고도
아름다운 덕을 상징하고
상대방을 높여 부르는 말로
이른바 미칭에 해당하기도 합니다.
따라서 아름답다 훌륭하다
가꾸다 소중하다는 뜻이 있습니다.

옥玉 자는 세 개 구슬을 꿴 모양인데
"구슬이 서 말이라도 꿰어야 보배"란
속담의 배경이 되고 있습니다.
금이 세공 기술에 따라 달라지듯
옥도 마찬가지로
어떻게 세공하느냐에 따라
보석의 가치가 오르내립니다.
그래서 옛사람이 얘기하였습니다.

옥불탁불성기玉不琢不成器

인불학부지도人不學不知道
옥도 쪼지 않으면 명기를 이룰 수가 없듯
사람도 배우지 않으면 도를 알지 못한다고요.

(01) 옥편玉篇
한자로 된 하나하나의 글자에 대하여
그의 소리를 붙이고 뜻을 풀어
일정한 차례로 모아놓은 책입니다.
자전字典의 뜻이 담겨 있지요.

(02) 옥석玉石
옥과 돌로서 좋은 것과 나쁜 것
옳은 것과 그른 것을 얘기합니다.

(03) 옥녀玉女
옥과 같이 몸과 마음이 깨끗한 여자
선경에 있는 여자, 곧 선녀
남의 딸의 높임말입니다.
같은 뜻 다른 표현으로는
규애閨愛/애옥愛玉/영교令嬌/영녀令女
영양令孃/영원令媛/영애令愛 등이 있습니다.

(04) 옥고량玉高粱

옥수수를 애기합니다.
같은 뜻을 가진 유의어로는
당서唐黍/옥촉서玉蜀黍
옥출玉秫/직당稷唐 등이 있습니다.

옥에는 다섯 가지 덕이 있습니다.
첫째, 윤택이 나고 따스한 것은
어짊仁에 비유될 수 있고
둘째, 무늬가 겉으로 시작되어
속을 알 수 없는 것은
옳음義에 비유될 수 있으며
셋째, 그 소리가 잔잔해
멀리서 전해 들을 수 있는 것은
지혜智에 비유될 수 있고
넷째, 굽히지 않고 부서지는 것은
날램勇에 비유될 수 있으며
다섯째, 날카롭지만 베지 않는 것은
깨끗함潔에 비유될 수 있습니다.

0046 날 출出

위 터진 입 구凵는 상형문자로
초목이 더욱 무성하게
위로 뻗어 나오는 모양을 본뜬 글자입니다.
따라서 본 뜻은 뻗어 나옴입니다.
이 출出 자의 본자는 단락 척齣 자며
출出 자는 척齣 자의 간체자지요.

워낙 유명한 글자이지만
우리가 아는 것은
'날 출' 정도의 새김일 뿐입니다
이 밖의 뜻을 볼까요.

움직씨動詞로는
나다, 태어나다, 낳다, 나가다, 떠나다, 헤어지다
드러나다, 나타내다, 내놓다, 내어주다
내쫓다, 추방하다, 돌려보내다, 셈을 치르다
버리다, 게우다, 샘솟다, 뛰어나다 따위며

이름씨名詞로는
출가, 자손, 처남, 꽃잎 등이 있고
희곡의 한 단락이나 연극의 한 장면에서는
'출'이 아니라 '척'으로 발음합니다.

0047 메 곤崑/崐, 0048 메 강岡/冈/언덕 강

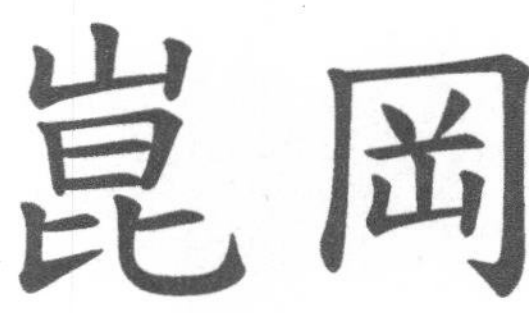

'메'는 산을 뜻하는 우리말이지요.
산골이란 뜻의 '두메'의 메가
'뫼'라는 사투리로 변형되어
지금은 '메'와 '뫼' 둘 다 표준어로 올라 있습니다
'뫼 산山'도 '메 산'이 본 말인데
'뫼 산'으로 새겨도 상관없습니다.

이 메 곤崑 자는 곤崑 자 한 자만으로도
중국의 쿤룬산崑崙山을 뜻합니다.
쿤룬산Kunlun mountains은
북위 35° 18' 57", 동경 80° 54' 57"에 위치합니다.

북위 35.31583°, 동경 80.91583°이기도 합니다.

높이는 해발 7,167m며
최고봉은 쿤룬 가데스Kunlun Goddess로
곧 '쿤룬의 여신'이라 이름하지요.
마치 킬리만자로 산 정상을
키보Kibo/키포Kipoo라 부르듯
이 쿤룬산은 도교의 성산으로
시왕무西王母가 살고 있다고 합니다.

퀸 마더 오브 더 웨스트
Queen Mother of the West는
중국 신화에 나오는 여신으로
쿤룬산 정상에 머물면서
불사약을 지니고 있다 합니다.

시왕무는 위황상띠玉皇上帝,
곧 하느님의 부인인데
서른 안팎의 성숙한 여인의 모습으로
인간 세계에서는 찾아볼 수 없는
최고의 아름다움을 자랑하지요.

인간의 어머니 대지의 여신 시왕무가
견우와 직녀 사이를 질투하여
둘 사이를 갈라놓았다는 설화는
비록 여신이라 하더라도
인간의 모습을 하고 있는 한
시샘하고 투기함은 당연하다는 것이 아닐까요.

나중에 시왕무는
서가세존 시대에 이르러
관세음보살이라 불렸고
지장보살인 지선공주의 언니
묘선공주의 몸을 받았다고 합니다.

이 시왕무가 남편인 위황상띠
곧 하느님을 도와 지나China를 독립시켰다는데
거기에는 내세를 내다보는 관세음보살의 숨은 배려가
분명 있었을 것이라 보는 것입니다.

쿤룬산은 제주 한라산이나 탄자니아 킬리만자로山처럼
홀로 우뚝 서 있는 산이 아니라
다른 산들과 함께 이어진
쿤룬 산맥의 한 봉우리입니다.

"한번 들어가면 살아서 못 나온다."는
무시무시한 뜻의 타클라마칸 사막과
고비 사막이 있는 타림분지
그 남쪽으로 뻗어 있는 산맥이지요.

나는 한국에서 탄자니아로 나갈 때가 아니라
그쪽에서 귀국할 때는 거의 창 쪽에 자리를 잡았습니다.
올 때 갈 때 두바이에서 비행기를 갈아타곤 했는데
출국할 때는 늘 한밤중이기 때문에
밖을 볼 수가 없었습니다.

그러나 두바이에서
인천공항으로 되돌아올 때는
아침나절에 히말라야를 거치지요.
나는 살며시 창 가리개를 밀어올리고
밖을 내다보는 게 즐거움이었습니다.
그러면서 중얼거렸지요.
"저기는 히말라야가 맞을 거야."
"타클라마칸 사막이 저길까?"
"저건 고비사막이고, 저건 타림 분지일 거야."

타클라마칸 사막과 고비사막 북쪽으로는

천산 산맥이 주루루룩 펼쳐져 있고
남쪽으로는 쿤룬산맥이
엄청난 장막을 두르고 있습니다.
나는 생각했지요.
‘천자문에 옥출곤강이 나오는데
저기서 옥이 그리 많이 난다고?’

내가 본 곳이 칭하이 성
쿤룬산맥이 아닐 수 있습니다
히말라야, 타림분지, 타클라마칸 사막
고비사막이 아닐 수도 있습니다.

그러면서 나는 중얼거렸지요.
"내 사는 곤지암昆池巖의
그 곤昆 자도 이 곤崑 자와 같은데."
우리 곤지암에는 과연 어떤 것이 유명할까?
그러면서 무릎을 탁 쳤습니다.
"그래, 곤지암이지!"

검劍호號거巨궐闕
주珠칭稱야夜광光

0049 **칼 검** 劍

0050 **이름 호** 號

0051 **클 거** 巨

0052 **집 궐** 闕

거궐이란 명검으로 조나라국보
야광이란 명주로써 이름높았네

0049 칼 검劍

劍

'검도劍道'는 있는데 '도도刀道'는 없습니다.
사극史劇에서 보여주는 검이란 검은
얘기하자면 대부분이 도刀입니다.
검은 양날의 칼을 가리킵니다.
칼날에 비해 손잡이가 짧지요.
검은 찌르기 전용이면서
나중에 창으로 발전합니다.
이에 비해 도刀는 베기, 자르기 전용입니다.

그리고 검도장劍道場에서
단련하는 도는 칼날이 휘어있으며
손잡이도 역시 긴 편에 속하지요.
검이 일자형 양날이라면
도는 곡선형이면서 외날입니다.
보기에는 양날 형 검劒/劍보다
외날 형 도刀가 훨씬 멋있습니다.

칼 검劍 자를 보면
선칼도방刂이 오른쪽에 있고
왼쪽에는 다 첨僉 자가 있습니다.
참고로 말씀드리면
우부방阝이나 좌부방阝은
의미에 따라 왼쪽 오른쪽에 놓이는데
선칼도방刂은 늘 오른쪽에 놓이지요.

선칼도방刂이 붙은 글자는 칼과 관련이 있고
베다 자르다 쪼개다 등과 연관됩니다.
이 칼 검劍 자도 선칼도방刂이 의미소이고
왼쪽의 다 첨僉 자는 소릿값입니다.

다 첨僉 자의 뜻은 무엇일까요?
'남거나 빠진 것 없이 모두 다'의 뜻이지요.
따라서 모두, 여럿의 의미이며
돕다, 보좌하다, 공정하다, 때로 간사하다
'마음이 바르지 않다'이기도 합니다.
왜냐하면 '모두' '다' 란 옥석동궤玉石同櫃니까요

여러 사람人+从의 다양한 이야기口口를
하나一로 모은다는 뜻이지요.

세상에는 꽤 다양한 견해들이 있지만
크게 나누면 2가지입니다.
진보냐 보수냐
왼쪽이냐 오른쪽이냐
흰가 검은가
큰가 작은가
긴가 짧은가
위냐 아래냐 등등이지만
따지고 보면 두 견해로 뭉칩니다.

그래서 다 첨僉자에도
사람人은 세 명이 등장하지만
견해口는 둘밖에 나오지 않습니다.
이 2가지로 갈린 파당의 견해를
하나一로 뭉뚱그려 묶음이
맨 위에 앉은 리더人의 역할입니다.

칼 검劍 자가 이처럼
선칼도방刂과 다 첨僉 자로 된 것은
모든 견해를 한데 놓고 정리함이지요.
칼이란 죽임의 의미도 있지만
누구 손에 들려 있느냐에 따라

살인검殺人劍이 되기도 하고
때로는 활인검活人劍이 되기도 하며
의사에게는 치유의 칼이 되고
주방에서는 조리의 칼이 됩니다.

참고로 첨지僉知를 얘기할 때
시골에서는 나이 드신 이들을
낮잡아 이르는 말로 많이 썼습니다.
그러나 첨지란 조선 시대에
중추원에 속한 정삼품으로
무관 벼슬을 이르던 말이었습니다.

비록 무관이라 하더라도
중추원 정삼품 벼슬이라면
학식이 보통이 아니었지요.
그래서 첨지僉知란 말 속에는
지식인, 학자, 학인처럼
다 아는 분이란 뜻이 들어 있습니다.

첨지가 무관 벼슬이었으면서 문무를 겸하였기에
궁중의 요소요소에서 경호를 담당했을 것입니다.
그리고 이들이 지닌 경호용 칼이

양날로 된 자루 짧은 검이었고
좁은 공간에서는 검이 도刀보다
상대를 제압하기 쉬웠지요.

암살자가 지니는 단도가 대개 비수인데
비수는 검에 가까웠다고 봅니다.
넓은 공간에서는 찌르기보다
베는 칼이 좋겠지만
좁은 공간에서 던지고 찌르기에는
검이나 창이 유리했겠지요.
활과 화살 활쏘기도
어쩌면 투창에서 왔을 것입니다

0050 이름 호號

號

제사를 지내려니 식혜부터 쉰다.
공교하기는 마디에 옹이라.
살(이) 가다.
혼인날 똥 쌌다.
혼인날 등창이 난다.
방귀길 나자 보리 양식 떨어진다.
난亂 나는 해 과거했다.
서투른 도둑이 첫날밤에 들킨다.
원수는 외나무다리에서 만난다.
호랑이도 제 말 하면 온다.

위와 같은 속담은 공교롭게도
일이 잘 풀리지 않을 때
공칙스럽다는 뜻으로 쓰고 있습니다.
이름 호號의 왼쪽号과 오른쪽虎이
모두 소릿값과 의미소를 함께 지닙니다.
위 속담 중 마지막의 것

"호랑이虎도 제 말号 하면 온다."에서
그 뜻을 찾을 수 있습니다.

한밤중 깊은 산 속입니다
호랑이가 출몰한다는 얘기를 듣고
가뜩이나 하얗게 겁에 질려 있는데
소리口가 제대로 나지丂 않습니다.
바짝 졸아든丂 목소리口였지요
그때 "어흥虎~" 하는 소리가
어둠을 어둠 속으로 더 깊이 밀어 넣습니다.
으아악號! 외마디 소리였는데 아! 꿈이었습니다.

이 짧은 꽁트conte 속에
이름 호號 자의 뜻이 들어 있습니다.
부를 호号는 간체자이고
이름 호號는 번체자입니다.
사실은 같은 글자입니다.
그러나 나누어 놓고 살펴보면
호号는 음성口이 꼬불꼬불丂하여
작고 섬세한 소리를 뜻하고
호虎는 호랑이의 음성인 까닭에
우렁차고 저주파며 큰 소리를 뜻합니다.

호号는 소프라노로 여성 목소리의 상징이고
호虎는 바리톤으로 남성 목소리의 상징이지요.

호랑이 호虎는 '범 호'라고도 새기는데
범이 곧 호랑이라고 섞어 씁니다.
그러나 학자들에 따르면
호랑이와 범은 다르다고 하네요.
범호 엄虍과 관련될 글자를 뒤적여볼까요.

호피 무늬 호虍 자에서 보면
단지 무늬만 보일 뿐
나타나지 않은 상태를 표현한 글자입니다
다시 말해 앉아几 있는 범의 모습이
요즘 '무늬만'이란 말이 있는데
이 호피 무늬가 어원이지요.

사로잡을 로虜 자는
힘 력力 자가 들어간 것으로 보아
힘을 대충 썼다가는 되레 당할 수 있으므로
사로잡으려면 있는 힘을 다하라
뭐 그런 뜻이었을 것입니다.

혹독할 학虐 자는
호랑이는 여러 가지 무기가 있지요
첫째 비수匕 같은 발톱입니다.
둘째 날카로운 송곳니입니다.
셋째 엄청난 덩치입니다.
넷째 고양잇과의 타고난 날렵함입니다.
다섯째 공포의 포효입니다.
따라서 혹독한 학대를 얘기할 때
이 학虐 자를 쓰고 있지요.

모질 학虐 자도 비슷합니다.
호랑이의 발톱爪만큼
모질고 날카로움이 드물어
이 글자를 가져왔을 것입니다.

공경할 건虔 자는 좀 다르지요.
만약 호랑이 무늬文를 보았다면
매우 조심스러울 수밖에요.
엄정함武에 지식文까지 갖추었다면
어떻습니까. 존경할 만하지 않겠습니까?

곳 처處 자는 호랑이虍가

당당하게夂 앉아几있는 모습으로

처소, 지위, 시간, 부분, 일정, 삶, 거주, 휴식. 정착

은거, 누림, 담당, 다스림, 대비, 처녀, 처리, 자처,

결단 등으로 다양하게 풀이하고 있습니다.

하나 더, 빌 허虗/虛 자를 보실까요.

호랑이는 사자와 성격이 다릅니다.

사자는 언덕丘을 엄폐물로 삼고

호랑이는 숲을 엄폐물로 삼습니다.

표범은 나무 위에 숨어 있고

치타는 풀숲에 숨으며

호랑이는 삼림에 몸을 숨깁니다,

따라서 드넓은 평원이나

너른 언덕에는 호랑이가 없습니다.

그리하여 이를 '비었다'고 풀이합니다.

아무튼 이름號이란 존재로 인정함입니다.

꽃이라 부름으로 해서 꽃이 되고

'사랑한다.' 고백하므로 해서

사랑이 확인되듯이 말입니다.

0051 클 거巨, 0052 집 궐闕/대궐 궐/모자랄 궐

巨闕

쥐취에Juque巨闕는 칼 이름으로

춘치우chunqiu전국시대

위에왕Yuewang越王이었던

꺼우지앤Goujian句踐이

당시 최고의 야장冶匠이던

어우이에즈Ouyezi歐冶子에게

특별히 명을 내려 최고 명검을 만들게 했습니다.

이때 만든 5자루 보검이 있는데

(1) 쥐취에juque巨闕 외에

(2) 춘꺼우chungou純鈎

(3) 탄루tanlu湛盧

(4) 모우샤mosha莫邪

(5) 위창yuchang魚腸 따위입니다.

이밖에도 중국의 명검은 많지만

쥐취에巨闕juque와 관련되고

천자문에서 얘기하는 조나라 보검은

이들 다섯 가지입니다.

클 거巨 자는 여러 가지 뜻이 있는데
그림씨形容詞로는 부피가 크다, 수량이 많다
거칠다, 조악하다, 조잡하다가 있고
움직씨動詞로는 항거하다, 저항하다
어찌씨副詞로는 어찌가 있으며
이름씨名詞로는 자, 곱자, 법도입니다.
곱자는 'ㄱ'모양의 자를 가리키지요.
이 클 거巨 자는 옛글자 클 거/어찌 거와 같고
클 거/강할 거/어찌 거鉅 자와 같은 글자입니다.
생각보다 복잡하지요.
배움이란 게 그리 쉽습니까?
네, 쉽습니다. 공부가 제일 쉽다 하지 않던가요.

이 집 궐闕 자를 즐겨 쓰는 곳이
불교의 의식문 중 삼보통청三寶通請입니다.
불전에 칠정례까지 올린 뒤
보공양 진언普供養眞言
보회향普回向 진언
원성취願成就 진언
보궐補闕 진언을 읊습니다.

집 궐/대궐 궐闕 자를
빠질 궐/모자랄 궐로도 새기는 데
불전에 정성을 다 기울였으나
부족한 게 있을 수 있습니다.
이 부족하고 빠진 예법을
보충한다는 뜻에서 보궐 진언입니다.
그래서 나는 불교의 융통성을
의식문에서 찾기도 합니다.
얼마나 멋있고 또 재미있습니까.
중생의 실수를 인정하는 불교 예법
거슬림屰과 모자람欠까지
불법 문중門中에서는
모두 다 문門으로 감싸 안습니다.

나는 오늘도 사시마지 때
보궐 진언을 염송할 것입니다.
"이 땅 위에서 함께 숨 쉬며 살아가는
선배 동료 스님들과 사랑하는 후배 스님들
불자님들의 부족한 점까지
다 메워지게 하소서."라고

검劍호號거巨궐闕

주珠칭稱야夜광光

0053 구슬 주珠

0054 일컬을 칭稱

0055 밤 야夜

0056 빛 광光

거궐이란 명검으로 조나라국보

야광이란 명주로써 이름높았네

누가 질문을 해 왔습니다.

"옥玉과 주珠가 같나요?"

내가 답했습니다.

"다릅니다."

"주珠 자에 옥玉이 들어 있잖아요?"

"그렇기는 하지만 다릅니다."

"주珠는 옥보다 진주에 가깝습니다."

"진주라면 펄Pearl 말인가요?"

"그렇습니다. 펄입니다."

"그럼 옥은 어디에 해당하는데요?"

"옥은 제이드Jade입니다."

"아하, 그 제이드!"

0053 구슬 주珠

장상명주일과한掌上明珠一顆寒

자연수색변래단自然隨色辨來端

기회제기친분부幾回提起親分付

암실아손향외간暗室兒孫向外看

손바닥위 밝은구슬 너무맑아 싸늘한데

자연스레 색을따라 여러모양 나타내네

몇번이나 타이르고 몸소분부 하건마는

어두운방 아이들은 게임에만 정신없네

우리말 '구슬'은 다양한 뜻을 간직하고 있습니다.

첫째 보석이나 진주 따위로

둥글게 만든 물건인데

흔히 장신구로 쓰고 있습니다.

둘째 유리나 사기 따위로

동그랗게 깎은 놀이 기구입니다.

이를테면 구슬치기 경우지요.

셋째 아름답거나 귀중한 것을

비유적으로 이르는 말입니다.

'구슬이 서 말이라도 꿰어야 보배'와 같은 말입니다.

지장보살이 머무는 곳은 저승이지요.

저승의 '승'은 세상입니다.

이승이 이 세상이듯 저승은 저 세상입니다.

지금 여기가 '이'라면 다른 때 다른 곳은

그렇습니다. '저'입니다.

저 세상 저승은 가 보지 않았기에
두려움으로 가득한 곳이며
두려움은 어둠으로부터 시작됩니다.
밝은 곳에 두려움이란 없습니다.

그러기에 어둠을 상징하는 저승을
한문으로는 명부冥府hades라 합니다.
어둠冥을 관리하는 곳府이지요
어둠을 밝히는 게 무엇이겠습니까.

불입니다.
촛불이나 등잔불로써
저승을 다 밝힐 수 있겠습니까?
밝은 구슬입니다.
둥글고 밝은 구슬로서 열을 지니지 않고
스스로 빛을 발하는 빛이라야 영구성을 지니겠지요.

발광 다이오드LED의 원조元祖
지장보살이 들고 있는 장상명주掌上明珠는
천자문의 '야광'이라는 구슬보다
오리지널리티originality 야광주입니다.
장상명주는 왜 동그란 모양일까요?

둥근 형태는 태양을 본받음입니다.

이를테면 입측장치入側裝置가 한 곳이고
출측장치出側裝置가 한계를 지닌
닫힌회로閉路CC로는
저승세계 전체를 밝힐 수 없습니다.
태양은 활짝 열린 세계입니다.
빛을 뿜는 방향이 한쪽으로 된
그런 닫힌회로 세계가 결코 아닙니다.

손바닥 위 밝은 구슬은 태양과 같습니다.
다만 태양과 다른 점이 있다면
빛은 지니되 열이 없습니다.
열 없이 어둠을 밝힐 수 있을까요.
으레 밝힐 수 있습니다.
LED 전등이 할로겐Halogen보다
열은 적지만 밝기는 훨씬 더 밝습니다.

저승세계 장상명주는 스스로 빛을 발하는
이른바 자발광주自發光珠입니다
어쩌면 천자문의 '야광'이란 명주도
자발광주일 것이라 생각합니다.

구슬 주珠 자를 보면
구슬옥변玉에 붉을 주朱 자입니다.
구슬 옥은 의미소고 붉을 주는 소릿값입니다.
구슬 옥 자는 앞의 '옥출곤강' 풀이에서
이미 자세히 살폈습니다만
붉을 주 자는 주목朱木에서 왔습니다.

주목은 줄기 빛깔이 붉다 하여
붙여진 이름입니다.
주목이 나무木이기에
붉을 주朱 자는 나무목木 부수를 따르지요
붉은 색은 가시광선 중에서
파장이 가장 긴 빛입니다
긴 파장의 붉은 빛이 삐친다丿 하여
나무 목木 자에 삐침丿을 붙였지요.
아무튼 구슬 주株 자는
주목처럼 붉은빛을 발하는
야광명주, 장상명주라는 뜻입니다.

0054 일컬을 칭稱

稱

일컬을 칭稱 자는 '저울 칭'으로 새기기도 하는데
벼 화禾 변에 들 칭爯 자를 하였으며
들 칭 자는 손톱 조爪 자 아래
나아갈 염冉/冄 자를 하였습니다.
또 나아갈 염 자는 멀 경冂 부수에 있으며
여기에 두 이二 자나 흙 토土 자를 덧붙인 글자입니다

움직씨로는 일컫다, 부르다, 칭찬하다, 저울질하다
무게를 달다, 드러내다, 들다, 거행하다
걸맞다, 부합하다, 알맞다, 헤아리다
좋다, 훌륭하다, 따위가 있습니다.
이름씨로는 저울, 명칭, 칭호, 명성, 무게 단위
옷이나 세트로 된 것을 세는 단위로
벌 등이 있습니다.
다른 모양 같은 뜻을 지닌 자로
저울 칭秤/일컬을 칭/저울 칭偁/일컬을 칭
저울 칭称/일컬을 칭/저울 칭穪 등이 있습니다.

0055 밤 야夜

夜

밤은 저녁夕에서 시작됩니다.
그러므로 저녁 석夕 자가 있습니다.
돼지해머리 두亠 아래
사람 인人 자를 붙인 글자로 묘혈墓穴을 뜻하지요.
묘혈이란 시신을 묻기 위해
직사각의 세로로 판 구덩이인데
다른 말로는 '광중壙中'입니다.

따라서 어둡다는 의미와 함께
'누워 쉬다'의 뜻이 있습니다.
우리가 쓰는 말에 "편히 쉬십시오."는
죽은 자에게 쓰는 광중의 말이라고 봅니다.

아는 후배 스님과 함께
우리절에서 차를 나누었습니다.
그는 고등학교 시절 아버지를 잃었습니다.
홀로 되신 어머니와 살다가

대학을 졸업하고 군대 다녀오고
28살 되던 해 어머니마저 세상을 하직하셨답니다.

후배가 물어 왔습니다.
"큰스님께서는 어떻습니까?
부모님 양친이 다 살아계십니까?"
내가 답을 했지요.
"웬걸, 다 돌아가셨다네."
"그러셨군요. 그럼 큰스님께서도 조실부모?"
"아니, 엄친께선 내가 38살 때 돌아가시고
자친께선 내 나이 52살 때 돌아가셨다네."

잠시 침묵이 흐른 뒤
내가 후배에게 다시 물었을 때
자신의 '조실부모早失父母'를 털어놓으며
안타까움을 호소해 왔습니다.
"양친께서 다 안 계시니 안 되었네.
깊은 위로와 함께 두 분의 왕생극락을 빌겠네."

그리고 덧붙인 얘기를 여기 씁니다.
조실부모의 '조실早失'이란
10살 이전에 양친이 다 돌아가셨을 때 쓰는 말로

일찍 조早 자의 '일찍'의 뜻은 다양하지만
조실부모에서는 열十살日 미만입니다.
왜 미만이냐 하면 열 십十 자가
해 일日 자 아래에 놓인 까닭입니다.

따라서 조실부모란 열 살 이전
양친이 다 떠나셨을 때 쓸 수 있는 말이지.
양친 중 한 분이라도 좀 더 살아계시면
조실부모란 말은 쓸 수 없습니다.
그 답답한 광중에 홀로 누워 계실 것을 생각하면
가슴이 미어진다는 후배의 눈물을 보며
마음이 효성스런 수좌구나 했습니다.
삶과 죽음이 다름은 바로 빛과 어둠입니다.
물리적으로라도 빛은 삶이고
어둠은 죽음의 다른 이미지입니다.

밤 야夜 자에서 저녁 석夕 자는 달月을 의미하며
달을 품은 저녁이 새벽까지 이어진다 하여
뒤져 올 치夂로 표현되고 있습니다.
밤이란 빛이 없는 시간으로
곧 저녁부터 새벽까지입니다.

0056 빛 광光

어둠과 밝음 중에
어느 것이 먼저라고 생각하십니까?
밤과 낮은 어느 것이 먼저일까요?
아니, 삶과 죽음에서
과연 어느 것이 먼저였습니까?
생로병사生老病死대로 태어나 살다가
늙고 병들어 죽어가는 과정이 순리일까요.

이 순환의 법칙, 윤회의 원리는
생명 있는 모든 것에게 적용됩니다.
다만 이 순환/윤회 법칙이
생에서 시작하느냐 죽음에서 시작하느냐지요.
우리가 알고 있는 순환의 법칙은
생에서 시작하여 죽음으로 가고 있습니다.

그런데 죽음에서 시작하여
다시 새로운 몸을 받기까지의

어둠의 시간, 빛이 없는 시간은
어떻게 전개될 것 같습니까.
살아 있다고 느끼는 시간과
죽음 뒤 이어지는 중음中陰의 시간에서
어느 것이 더 본질일까요.

천자문 강의가 너무 무겁습니까?
밤 야夜 빛 광光, 밤이 지나고 빛이 오는 게
밤과 낮의 시간 개념이기도 하지만
밤이 있기에 쉴 수가 있고
빛이 있기에 우리는 움직입니다.
밤이 쉼의 개념이라면
빛은 활동의 개념입니다.

구약성서 창세기 제1장 1절~5절을 보실까요.
태초에 하나님이 천지를 창조하시니라.
땅이 혼돈하고 공허하며
흑암이 깊음 위에 있고
하나님은 수면에 운행하시니라.
하나님이 가라사대
빛이 있으라 하시매 빛이 있었고
그 빛이 하나님 보시기에 좋았더라.

하나님이 빛과 어둠을 나누사
빛을 낮이라 칭하시고
어두움을 밤이라 칭하시니라.
저녁이 되며 아침이 되니
이는 첫째 날이니라.

빛 광光 자는 어진 사람 인儿 부수에
한 일一 자를 중심으로 하여
작을 소小를 위에 얹은 꼴입니다.
산소와 인화 물질이 만나
활활 타오르는 불에서
느껴지는 빛도 빛이겠지만
글자의 배경은 어진 사람입니다.

어진 사람儿은 겸손小합니다.
자랑하지 않습니다.
그리고 한결같습一니다.
한결같은 겸손과 어짊이 만나
찬연한 후광後光이 나타납니다.

야광이란 구슬에 대해서는

장상명주에서 살짝 엿보기는 했으나

좀 뒷전이 된 듯싶습니다.

이 글을 읽으시는 분들에게는

숙제宿題homework로 남겨 놓겠습니다.

과果진珍이李내柰
채菜중重개芥강薑

0057 **열매 과** 果

0058 **보배 진** 珍

0059 **오얏 이** 李

0060 **벚 내** 柰

과일중에 보배라면 오얏과능금
나물중에 귀중한건 겨자와생강

0057 열매 과果

果

나는 열매를 볼 때마다 씨앗을 떠올립니다.
어떻게 새기느냐에 따라서겠지만
만일 '결과 과'자로 새긴다면
씨앗이 아니라 원인일 것입니다.
그럼 꽃과 연결 지으려면
과果를 어떻게 새겨야 할까요.
역시 꽃과 열매니까
'열매 과'자로 풀어야 할 것입니다.

열매 과果 자를 파자하여 보면
나무 목木 자 위에 밭 전田 자지요.
밭 전田 자를 잘 보면
다닥다닥 붙은 송이 같지 않습니까.
포도송이든 앵두송이든
송이로 된 열매를 보는 그런 느낌입니다.
밭 전田 자 모양처럼
사각으로 된 열매는 없다고요?

당연히 사각 열매는 없습니다.
동글동글하거나 길쭉하거나 휘었거나
울퉁불퉁하기는 하더라도
사각형으로 된 열매가 있을 수 없듯
한문에서는 동그라미 형태로 된
글자는 존재하지 않습니다.
따라서 올망졸망한 열매도
한문에서는 사각으로 표현하다 보니
전田 자가 나무木 위에 있는 것입니다.

씨앗 인因은 하나의 사각口이지요.
이 사각이란 씨앗이 사각으로 된 게 아니라
위에서 방금 언급하였듯이
중국 문자에는 동그라미가 없습니다.
씨앗의 생김새가 어떻게 생겼든
표현할 수 있는 방법은
원형이 아니라 사각口입니다.

씨앗은 겉으로 드러난 게 다가 아닙니다.
반드시 씨앗에는 핵核이 있습니다.
핵이 없다면 싹을 틔울 수 없지요.
씨앗口 안에 핵이 있는데

이를 대大로 표현하고 있습니다.
겉모양은 그냥 보이는 모습일 뿐
중요大한 것은 안에 들어있다는 뜻입니다.

큰 대大 자는 크다는 그림씨이면서
두 팔 두 다리를 벌리고 선
사람을 표현한 글자이기도 합니다.
불교에서는 사대四大를 얘기합니다.
흙地 물水 불火 대기風입니다.
이들 흙 물 불 대기가
생각보다 너무나 소중하기에
그냥 대大라고 표현한 것입니다.

씨앗도 마찬가지입니다.
눈에 보이는 모습口만 있고
그 안에 핵核Nuclear이 없다고 한다면
씨앗이 씨앗으로서의 역할을
감당할 수 있겠습니까.
세포細胞cell도 그렇습니다.
세포에 세포핵이 없다고 한다면
아무런 가치도 없는 것이 될 것입니다.

씨앗因과 열매田 중에서
열매田는 나무木가 있는데
씨앗因은 어찌하여 나무가 없습니까.
결과가 원인 속에 들어 있고
원인이 결과를 낳는다고 한다면
연결 고리가 있어야 하겠지요.
그런데 씨앗因에서는
전혀 찾아볼 수 없는 나무가
열매田에는 버젓이 놓여 있습니다.

그렇습니다.
생명의 씨앗인 인자因子에는
결과의 모습이 보이지 않습니다.
씨앗에는 나무의 모습이 없습니다.
그러나 그 나무의 DNA에는
그 나무 그 열매의 진로 방향이
온전하게 프로그램화 되어 있습니다.

사과에 사과나무가 보이지 않고
자두에 자두나무가 보이지는 않지만
사과는 그 속에 씨앗을 지녔으며
자두 또한 씨앗을 지니고 있습니다.

눈에 보이는 사과의 씨앗이나
자두의 씨앗 속에
나무는 보이지 않습니다.

그러나 여건이 다 갖추어지면
사과 씨앗은 싹을 틔우고
자두 씨앗도 싹을 틔울 것입니다.
그리고 각기 줄기를 뽑아 올리고
가지를 뻗고 잎사귀를 피워내며
꽃을 피우고 마침내 열매를 맺습니다.

또 하나 궁금증이 있군요.
씨앗은 알맹이가 하나口 뿐인데
열매는 왜 알맹이가 네 개田냐고요?
이는 인과의 법칙 때문입니다.
언제나 원인因보다는
결과田가 수량이 많아지는 법이지요.
시간과 시간의 쌓임 때문입니다.

아기가 모태에 착상할 때
정자를 받아들인 난자의 크기는
현미경으로도 보기 어려울 정도로 아주 작았으나

시간의 축적에 따라서 생명의 세포는
쉼 없이 분열하고 복제하며 몸집을 불렸습니다.
이는 모태로부터 벗어나 독립된
생명으로 살아가면서도 세포의 분열과
증식 작용은 끊임없이 이어가고 있음입니다.

자두와 사과도 마찬가지입니다.
어린 묘목에서 끝나는 게 아니라
거목巨木으로 자라고
고목枯木으로 마를 때까지
나무로서의 생명 활동은
계속해서 이어져 갈 것입니다.

열매 과果 자를 생각하면
시나브로 열매 실實 자도 떠오르곤 합니다.
집안에 돈과 재물이 그들먹함이지요.
재물貝을 꾸러미田로 꿰어毌
부족함이 없는 집안宀인데
이 재물이 실속이 있으려면
바르게 들어온 재물이어야 합니다.
그렇지 않으면 바로 없어져버리지요.

불교에서는 《묘법연화경》을 일컬어
대승불교의 꽃으로 여기고 있습니다.
그럴만한 충분조건Sufficient condition이
여기에는 완벽하게 내재되어 있습니다.
그게 무엇일까요?
그렇습니다.
화실동시花實同時 때문입니다.
화실동시라면 인과율의 초월을 얘기함인가요.
그렇습니다.
시간 인과를 초월함입니다.

인과의 법칙에서 빼놓을 수 없는 게 있다면
이는 바로 시간이라는 조건입니다.
원인과 결과라고 하는 것은
반드시 시간을 필요로 합니다.
그런데 법화의 가르침은
이 '시간 개입'의 인과마저 초월합니다.
그 비유로 연꽃을 들고 있지요.

연꽃은 흐린 물에서 피어나지만
흐린 물에 물들지 않습니다.
이는 부처님을 비유로 든 것이지요.

이보다 더 중요한 게 있습니다.
꽃과 열매가 동시적이라는 것입니다.
싱크로나이즈Synchronize가
정확하게 일치함입니다.

인과법칙은 원인이 시간적으로 앞서고
결과는 시간적으로 나중입니다
다시 말해서 꽃이 피었다 진 뒤에
열매를 맺는 게 일반적입니다.
그런데 연꽃은 꽃과 열매
사실은 열매가 곧 씨앗입니다만
이들이 동시에 이루어집니다.
묘법연화경은 화실동시의 꽃처럼
통시적通時的인데 그 특징이 있습니다.

0058 보배 진珍

珍

보배라는 뜻에서 구슬옥변王이지요.
숱 많고 검을 진㐱 자는 소릿값입니다.
보배면서도 잡티彡가 많아
사람들人의 관심과 달리
보석으로서의 가치가 적은 것입니다.
보석을 떠난 진짜 보석이 있지요.
향기로운 냄새 분자彡가
코끝에 스밀 때 최고 진미를 맛볼 수 있으니
이것이야말로 최고의 보석입니다.

초등학교 2학년 때니까 1962년도였습니다.
군청 실수로 호적이 불탔습니다.
횡성군 갑천면사무소로부터
잠시 와달라는 통보를 받고
나는 어머니와 함께
면사무소 호적계에 달려갔습니다.
아홉 살에 초등학교(초등학교)에 들어간 나는

열 살이라도 아는 게 별로 없었지요.
면서기面書記 물음에 답할 뿐이었습니다.

그 전까지만 해도 내 이름은
보배 진珍 자에 고를 균均 자였는데
호적을 손보면서 보배 진珍은 진압할 진鎭으로
생년월일은 1953년에서 1955년으로 바뀌었습니다.
당시는 생년월일을 세로로 쓰고
한글이 아닌 한문으로 썼는데
석 삼三 자를 다섯 오五 자로 쓴 것입니다.

어려서 한문을 청강할 때
매주 훈장님 앞에서 배운 것을 외웠지요.
교재는 《명심보감明心寶鑑》이었습니다.
석 달이 지난 어느 날 나는
한 자도 틀리지 않게 외웠습니다.
당시 이재훈 훈장님께서는 대견하다시며
내게 호를 주셨는데 옥은玉隱이었습니다.
숨은 옥은 언젠가는 드러난다 하시며

그리고 8년 뒤 출가하여 머리를 깎고
행자行者 생활을 시작하는데

당시 치악산 구룡사 주지이셨던
태허太虛 원광圓光 박종영 스님께서는
내게 불명을 지어주셨습니다.
보배 진珍 닦을 수 修, 진수珍修였습니다.
보배 진珍 자에 고를 균均 자가
내 원래 이름이었는데 바뀌어버린 셈이지요.
아무튼 나는 보배 진珍 자와 인연이 깊습니다.

0059 오얏 이李

오얏은 나무木 씨앗子입니다
어쩌면 오얏이 겉씨식물이라는 것을
옛 사람들은 이미 알고 있었던 듯싶습니다.
'나무의 씨앗'이라 풀어놓고 보니
뭔가 좀 어색하게 느껴지지 않습니까.
그래서 이렇게 풀고 싶습니다.
'오얏李은 겉씨식물木의 표본子'이라고요.

오얏은 '자두'라고도 하지요.
내 어릴 적 기억으로 강원도에서는
오얏과 자두를 완전히 다른 과일로 보았는데
요즘은 같은 것으로 보고 있습니다.
영어에서도 다 같이 플럼plum이라 쓰고 있으니까요
오얏은 사과와 함께 겉씨식물이고
목目order은 장미목薔薇目rosales에 속합니다.

0060 벚 내柰

버찌는 벚나무에 열리는 열매로
보리수처럼 알이 자잘합니다.
한국의 체리Cherry지요.
그런데 능금은 굵은 과일입니다.
일반적으로 사과라고 하는데
버찌와는 우선 크기 면에서 다릅니다.
신이 나무木에게 게시示한 열매로
능금을 넘는 게 없다 하여

만들어진 글자가 능금 내/벚 내柰 자입니다.

한 편으로는 다른 얘기도 전합니다.
신이 나무木에게 게시示한 열매가
하도 자잘하다 보니까
"애걔, 어쩌면 이리 작을까?"라고 했고
버찌 맛을 보고 나서
"와! 어쩌면 이리 향기로울까?"라고
감탄하였다고 합니다.
그로부터 벚 내/체리 내 자를
'어쩌면/어찌 내'자로 새기게 되었다 합니다.

내 어릴 적 시골집은
뒤뜰에 큰 벚나무가 있었는데
버찌가 까맣게 익어갈 무렵이면
나도 그리고 내 하나밖에 없는 동생도
보랏빛 버찌로 립스틱을 만들어 발랐습니다.
아! 문득 옛날이 그립습니다.

과果진珍이李내柰
채菜중重개芥강薑

0061 나물 채 菜

0062 무거울 중 重

0063 겨자 개 芥

0064 생강 강 薑

과일중에 보배라면 오얏과능금
나물중에 귀중한건 겨자와생강

2010년에 상영된
〈이피엘EPL〉이란 영화가 있었지요.
'먹고 기도하고 사랑하라'의 이니셜initial로서
우리말로는 〈먹기사〉라 부릅니다.

라이언 머피가 감독하고
엘리자베스 길버트에 줄리아 로버츠
펠리페에 하비에르 바르뎀
데이빗 피콜로에 제임스 프랭코
리차드에 리처드 젱킨스
스티븐에 빌리 크로덥
델비아에 비올라 데이비스
지오바니에 루카 아르젠테로 등이
열연熱演한 그야말로 권할 만한 영화입니다.

이탈리아에서 신나게 먹고
인도에서 뜨겁게 기도하고
발리에서 자유롭게 사랑하는 동안
진정한 행복이 무엇인가를 느끼고
마침내 소중한 자신을 발견하게 되지요.
인생도 사랑도 다시 시작하는 삶
줄리아 로버츠의 연기가

최고정점에 달했음을 느낄 수 있습니다.

여기서 얘기하고픈 게
바로 '먹는다'는 움직씨와 함께
'요리'라는 이름씨에 관한 것입니다
생명生命에게 있어서
뿌리 줄기根幹가 되는 것은
무엇을 먹을 것인가와 더불어
'어떻게 먹을 것인가?'일 것입니다.
쉽게 얘기해서 생명의 생生이 먹이라면
생명의 명命은 곧 먹는 자입니다.
삶 생生 자를 파자破字해 들어가면
먹이는 땅土을 중심으로
시공간十에 걸쳐丿 있습니다.
먹을거리는 딴 데서 나오지 않지요
삶生의 에너지는 내가 서 있는 자리土에서
위丨로 찾고 옆一으로 찾을 것이며
기하geometrical丿에서 찾을 것입니다.
내 삶의 언저리 떠나 먹이는 찾을 수 없습니다.

산소도 늘 나와 함께 있고
마실 물도 늘 내 주변에 있으며

오곡백과도 내 서 있는 땅에서 나고
채소도 소금도 설탕도 물고기도
차도 커피도 이 지구에서 나고
심지어는 이 몸뚱어리도
지구 밖에서 얻어진 게 결코 아닙니다.

다음으로 어떻게 먹을 것인가가
삶에 있어서 관건입니다.
생명의 '명命'자에 그 답이 있습니다.
사람人은 하나一밖에 없는
소중한 목숨을 유지하기 위해
결코 먹고 마시지 않으면 안 됩니다.
그 일차적 기관이 다름 아닌 입口입니다.

열심히 일하되 신뢰卩가 필요합니다.
일에 믿음이 없고
땀 흘리지 않고
거저 얻어지는 것으로 살아간다면
이는 생명의 '명命'의 본분이 아닙니다.

061 나물 채菜

상고 시대로 올라가면 이 나물 채菜 자는
채소vegetable diet였습니다.
그런데 중세 이후로는 아닙니다.
지금은 그냥 요리일 뿐이지요.
채식은 쑤차이shucai蔬菜
밑반찬은 쌰오차이xiaocai小菜
중국 요리는 쭝구어차이zhongguo cai中国菜
식단은 차이딴caidan食单입니다.

나물 채菜 자가 어떻게 쓰였나요?
초두머리艹아래에 손톱 조爪 자를 놓고
그 아래에 나무 목木 자를 놓았습니다.
그러니까 요리의 재료는
일반적으로 손爪으로 채취하되
풀艹과 나무木로부터 온 것입니다.

또한 나물菜은 캐다, 뜯다采에서 왔는데

이때 반드시 우리가 알아야 할 것은
먹을 수 있느냐 없느냐 하는
분별釆이 필요했을 것입니다.
혹 잘못하여 독초라도 섞이게 되면
여간 낭패가 아니기 때문이지요.
그리고 이 나물은
쌀米 대신 봄의 허기를 메웠지요.
쌀 미米 자 위의 삐칠 별丿은
바로 이러한 의미를 말해줍니다.

지금도 봄나물 중에는
원추리忘憂草라는 나물이 있는데
식물계界
속씨식물문門
외떡잎식물강綱
아스파라거스목目
원추리과/무릇난과科
원추리속屬
여러해살이풀종種입니다만
한문으로는 망우초忘憂草입니다.
봄의 보릿고개春窮期 때
식량 대신 근심을 풀어주었다 해서

붙여진 별명이기도 하지요.
나물 채菜 자가 '나물'에서 벗어나
'요리'가 되었을 때 뭐가 필요했을까요?
우리가 보통 얘기할 때
"선배님, 밥 한 끼 사십시오."를
"나물 한 끼~"라고 하지는 않습니다.
그러다 보니 나무목木 대신에
쌀 미米 자를 아래 두었고
쌀은 나무가 아닌 풀에서 나오므로
초두머리艹를 위에 슬쩍 얹은 것입니다.

불교에서는 오신채五辛菜를 얘기하는데
다른 말로는 오훈채五葷菜입니다.
마늘 부추 달래 파 '무릇'이지요.
자극성이 강한 데다
매운 까닭에 매울 신辛 자나
매운 채소 훈葷/荤 자를 썼지요.
매울 신辛 자는 초두艹가 없는데
매운 채소 훈/훈채 훈荤 자에는
초두艹가 있습니다.
참고로 훈차이Huncai荤菜는
다 초두艹가 있지만 고기요리입니다.

062 무거울 중重

'무겁다'는 말은 셈씨數詞며
동시에 그림씨形容詞입니다.
때로 무거울 중重 자는
아이 동童 자와 같이 쓰입니다.
따라서 동/중이 소릿값이고
일 천千개 마을里은 의미소지요.

마을이 형성되기 위해서는
반드시 논밭이 있어야 하고
논밭을 만들 땅土이 있어야 했지요.
옛날에는 마을 형성이 쉽지 않았습니다.
마을을 다른 말로는 고을이라 하는데
고을의 형성에도 기본은 땅土이었습니다.
마을 리里 자가 대표적이지요.
고을邑은 큰 마을로 곧 도읍입니다.
많은 사람口이 살아가기 때문에
예절巴과 법도가 반드시 필요했습니다.

고을郡은 많은 사람群이 모여
크고 작은 도시를 형성하고
이들을 관리할 부서가 필요했습니다.
고을州은 마치 베네치아처럼
큰 강川이 흐르고 그 강을 중심으로
많은 사람丶들이 살아가기에
강이 흐르지 않으면 주州는 생길 수 없습니다.

골 동洞의 골은 고을이며 골짜기며 마을입니다.
이 고을洞도 물氵이 있어야 하는데
비록 큰 강물이 아니더라도
함께同 마실 물氵이 있어야 했지요.
소위 두레우물을 중심으로
함께 엮여 살아가는 마을입니다.

아무튼 일천千 개 마을里이
한 곳田畓에서 일하며 살아가려면
넓은 지역土이 있어야 했습니다.
지地가 좁은 개념이라면
토土는 곧 넓은 개념입니다.
마치 나吾의 말言을 어語라 했을 때
이는 나에게 국한된 언어지만

그냥 말言이라 했을 때는
나 너 그의 말을 포함하듯이
토土는 논밭보다 큰 개념입니다.

그러니 무거울 수밖에 없고
무거운 만큼 소중하지요.
참고로 농사용 전답田畓에서
전은 밭이고 논은 물밭水田입니다.
물밭은 나중에 논畓으로 이름이 바뀌는데
우리나라에서 만들어진 글자가 논 답畓 자지요.
밭은 말의 느낌에서 건조하고
논은 촉촉하게 느껴지기에
물밭이 논으로 바뀐 것입니다.

일천 천千 자를 살펴보면
열 십十 자 왼쪽 위에
삐침丿을 살짝 올려놓았는데
이는 천간 임壬 자에서 온 것이지만
나는 수학에서의 기하幾何geometry로 봅니다.
일천一千이 넘어가면서부터
10의 세제곱씩 올라간다는 개념
이것이 한자에서도 있었다고 봅니다.

중重은 무거움의 뜻이면서
소중함이고, 겹침이며 매우 두터움입니다.

0063 겨자 개芥

겨자에는 백겨자가 있고 흑겨자가 있습니다
생물분류로 보면 으레 식물계에 속하며
미분류 상태이기는 하지만
진정쌍떡잎식물군이며 동시에
속씨식물군이고 장미군입니다.
목은 십자화목十字花目이고
과는 십자화과十字花科에 들어갑니다.

또한 백겨자는 십자화속인데 비해
흑겨자는 들갓속에 속합니다.
겨자는 씨앗을 향신료로 사용하고
갈아서 겨자소스를 만듭니다.
겨자 개芥 자는 초두머리艹 아래

낄 개介 자를 제대로 끼워놓았습니다.

사람들이 자신을 너무 좋아하니까
스스로 사람이라 생각해
사람 속에 슬그머니 끼려 했고
사람은 겨자가 풀艸에 속함을 알면서도
모르는 척 내버려두었다고 합니다.
애완견愛玩犬pet dog이 그런다지요.
자기가 사람인 줄 안다든가
아니면 주인을 자기와 같은 개로 본다든가...

0064 생강 강薑

생강 강薑 자는 초두머리艹 아래
지경 강畺 자를 한 글자로서
지경地境이란 글자 그대로 땅의 경계입니다.
예나 이제나 사람의 삶이란 것이
땅의 소유를 놓고 다툼이었습니다.

단체는 단체대로 개인은 개인대로
국가는 국가대로 땅뺏기 놀음이지요.
그도 그럴 수밖에 없는 것이
땅을 의지해 살아가는 생명들은
작은 곤충들까지도
땅이 삶의 터전이고
땅이 숨 쉴 수 있는 공간이고
땅이 먹이가 나오는 곳이었으니까요.
그러기에 밭田과 밭田을 놓고
끝없이 다투는 것입니다.
지경 강畺 자는 삶의 본질입니다.

생강에는 8가지 효능이 있습니다.
혈중 콜레스테롤 농도를 낮추고
천식 증상을 완화하며
몸을 따뜻하게 하고
관절염 완화에 도움이 있습니다.
구토를 멈추게 하고
항균 항암 효과에 탁월하며
소화를 촉진시키고
기관지염과 목감기에 좋습니다.

내 어릴 때 서당의 이재훈 훈장님께서는
늘 마른 생강을 씹고 계셨습니다.
내가 이유를 여쭈었더니
기억력이 좋아진다 하셨지요.
그로부터 지금까지도
나는 마른 생강을 즐겨 씹곤 합니다.

겨자와 생강이 나물은 아닙니다.
그럼 요리 그 자체인가요.
그렇지 않습니다.
양념 재료입니다.
그럼 요리에 있어서 중요한가요.
그렇습니다. 소금의 역할만큼이나요.

사람의 체액이나 혈청, 양수 등 성분에는
마치 링거액Ringer solution처럼
0.9% 농도의 염분이 들어있는데
만약 이들이 부족하거나
지나치게 많이 섭취하게 되면
여간 문제가 커지는 게 아니라고 합니다.

해海함鹹하河담淡
린鱗잠潛우羽상翔

0065 **바다 해** 海

0066 **짤 함** 鹹

0067 **물 하** 河

0068 **맑을 담** 淡

바닷물과 시냇물은 짜고싱겁고
물고기는 물속으로 새는하늘로

海

바다와 물은 같을까 다를까
나는 더러 고민에 빠지곤 합니다.
생각을 줄여야 하는데
엉뚱한 데 마음을 씁니다.
바다와 물은 같으면서 다르지요.
우선 같은 쪽에서 보면
둘 다 함께 흐른다는 것입니다.

물이 흐르는 것은 이해가 되는데
바다도 흐른다고요
그렇습니다. 바다도 흐릅니다.
유속이 강물만큼은 아니지만
바다는 쉼 없이 흐릅니다.

세월호 사건으로 인해 알려진 사실이지만
심층해류와 달리 표층해류는
하루에 평균 220km를 흐릅니다.

평균시속 9.16km를 흐르는 셈인데
경보競步의 달인이라 하더라도
이 속도로 하루 종일 걸을 수는 없습니다.

바다 해海 자를 놓고 보면 바닷물이
염분을 머금고 있을 뿐 물이 아닌 것은 아닙니다.
그러므로 물을 뜻하는
부수 삼수변 氵이 왼쪽에 자리하고 있고
소릿값으로 매양 매每 자가 있습니다.

매양 매每 자는 발음이 '매'고
바다 해海 자는 발음이 '해'인데
어떻게 '매'가 '해'의 소릿값이냐고요?
한자 소릿값은 닿소리까지 일치하기도 하지만
홀소리만 비슷하면 이를 소릿값으로 인정합니다.
물과 바다가 다른 점은 둘 다 흐름은 같은데
첫째 물은 중력의 법칙에서
무게 때문에 낮은 곳으로 흐르고
바다는 공기의 흐름을 따라 이동합니다.
더운 공기가 상승하면 상승된 빈 자리를
차가운 공기가 밀고 들어가면서
바닷물을 같이 밀어버립니다.

둘째 달의 인력으로 인하여
밀물과 썰물이 있습니다.
이때는 중력 중에서도
당김의 힘 때문에 흐르고
당김의 힘은 때로 밀치기도 하는데
이 두 가지 힘이 조수潮水tide를 만듭니다.

셋째 지구 자전 때문에
적도 북쪽 북반구에서는
물이 언제나 오른쪽으로 굽어들고
적도 남쪽 남반구에서는
항상 왼쪽으로 굽어들고 있습니다.
나는 둔재라서 이를 외울 때
늘 '구부정한 남자'를 생각했지요.
구부정한 남자가 무슨 뜻일까요?
구부정한의 구부는 '북우'
곧 '북쪽은 우측'임을 생각함이고
남자는 '남쪽은 좌측'이란 뜻입니다.
'무유정법'이라 정해진 법칙이 본디 없습니다.
잘 기억하기 위해 지어낸 말입니다.

물과 바다가 다른 게 있습니다.

물은 바다로 흘러들기에
소위 '물'이라는 단어에는 'ㄹ'받침이 있어
운동運動에너지kinetic energy 개념만이 아니라
느낌마저 '흐름'을 생각하게끔 합니다.
그런데 '바다'는 '받아'와 소리가 같아
모두를 다 받아들인다는 뜻입니다.
따라서 물은 'ㄹ' 곧 흐름이고
바다는 '받아'로서 받아들임입니다.

따라서 바다 해海 자에는
자녀를 품는 어머니母가 있지요
바다를 '받아'로 생각한 것은
이미 지난 2013년 9월이었습니다.
동아프리카 탄자니아 경제수도 다르에서
한국불교 최초로 농업기술대학교 기공식에
참여했을 때 쓴 시가 있습니다.

동아프리카 탄자니아Tanzania
잔지바르 섬Zanzibar Island-Unguja은
세계 10대 미美섬에 들어가지요.
내가 '아름다운 동행' 일행과 함께
킬리만자로 호를 타고 잔지바르로 향하던 중

배 위에서 느낌으로 쓴 시입니다.

바다 경치sea-scapes
동봉

끝없이 펼쳐진 인도양 바다 위를
킬리만자로Kilimanjaro 호는
미끄러지듯 나아간다.
다르 에스 살람Dar es salaam에서
웅구자/잔지바르 섬Zanzibar까지는
고작 50킬로미터 안팎인데
속도에 길들여진 우리에게
한 시간 반에서
두 시간이 걸림은
참으로 곤혹스러운 인내忍耐다.

그러나 그거 아는가?
바다는 '바다'라는 것을
인간의 조급躁急도 여유餘裕도
다 '받아'들이는 것임을
인간의 미움도 사랑도

다 '받아'준다는 것을
인연의 헤어짐도 만남도
다 '받아'들여 이해理解시킴을
목마름도 그리움도
슬픔도 아픔도 기쁨도
절망과 희망도 고뇌와 행복도
모두 다 '받아'들여 조화시킨다는 것을

나는 지금 배를 타고
세계 10대 아름다운 섬 중 하나라는
인도양의 흑진주 잔지바르로 향한다.
땅의 경치land-scapes
하늘 경치sky-scapes
바다 경치sea-scapes
이들 세 경치를
한꺼번에 감상할 수 있는데
뭐 그리 급히 달릴 것이랴!

웅구자 아일랜드로 가는 배
킬리만자로호에서 나는 바다가 된다.

북우남좌北右南左의 바다 흐름이
어느 날 방향이 바뀐다면
상상이 가지 않는 일이지만
엄청난 혼란이 오고야 말 것입니다.
태양을 중심으로 공전하는 지구가
돌고 있던 방향을 전혀 바꿀 수 없듯이
해류도 방향을 쉽게 바꾸지는 않을 것입니다.
해류가 방향은 바꾸지 않겠지만
만萬에 하나一 흐름을 멈춘다면
극지極地는 영원히 추울 것이고
적도赤道는 계속해서 더울 것입니다.

0066 짤 함鹹

바닷물이 짠 것은 어째서일까요?
지구가 처음 생기고 나서
지구 표면에는 염분이 많았습니다.
염분, 곧 소금기는 물에 잘 녹지요.

지구는 테이아Theia/오르페우스를 비롯하여
숱한 혜성, 운석들과 부딪치면서
쉼 없이 열기를 내뿜었습니다.

열기에 의해 뜨거운 공기가 위로 오르고
그 빈 곳을 차가운 공기가 채우면서
엄청난 비구름을 만들어 냈습니다.
비는 다시 지구로 쏟아져 내렸고
이때 지구 표면에 있던 물질 중에서
소금기가 녹아 물과 함께
낮은 곳으로 흐르고 흘러
마침내 바다를 형성한 것입니다.

바닷물이 짠 이유는 그래서입니다.
그렇다면 사람을 비롯하여 말 당나귀 등
포유류들이 왜 염분을 섭취하지 않으면 안될까요?
생명이 바다에서 시작된 까닭입니다.
생명의 기원은 38억 년 전으로
그러니까 지구가 생기고 나서
8억5천만 년 뒤부터 시작되었지요.

여러 번의 대멸종기大滅種期를 거치며

최초 생명들은 자취를 감추었지만
과학의 발달로 생명의 역사를 더듬을 수 있었고
그 첫걸음마를 바다에서 시작했다는
많은 자료들이 나오고 있습니다.

염분은 과다섭취하면 죽을 수 있습니다.
아예 먹지 않아도 생명이 위험하기는 마찬가지입니다.
따라서 소금의 중요성은
아무리 강조해도 지나침이 없습니다.

우리 몸은 스스로 알아 염분 농도를 조절합니다.
음식을 짜게 먹으면 몸이 알아서 물을 마셔
몸속 염분 농도를 스스로 맞추어 나갑니다.
"먹은 놈이 물켠다."는 말은 보편적 진리입니다.
짤 함鹹 자는 소금로변鹵에
다 함咸 자를 덧붙인 자입니다.

0067 물 하河

'바다'라는 접두어가 없는 물은
민물을 두고 하는 말입니다.
물 하河 자는 황허黃河에서 온 말이고
물 강江 자는 창지앙長江에서 왔지요.
우리나라의 경우 하천河川에 대한 개념은
강江 개념보다 작게 생각하고 있습니다.

황허와 창지앙은 중국의 다른 이름이나 같습니다.
가령 중국에서 황허를 빼고 창지앙을 뺀다면
중국은 동맥 없이 정맥만 살아있는
별 볼 일 없는 생명체와 같겠지요.

경주와 상주에서 경상도가
충주와 청주에서 충청도가
전주와 나주에서 전라도가
강릉과 원주에서 강원도가
울산과 강릉에서 울릉도가

각기 광역廣域의 이름으로 태어났다고
얘기하는 이들이 더러 있습니다.

하지만 다른 지역은 모르겠으나
적어도 강원도만큼은 다르다고 생각합니다.
강릉 원주에서 이니셜 한 자씩 따서
붙여진 이름이라기보다
한강, 낙동강, 금강과 같은
우리 대한민국의 젖줄은 물론
심지어 영산강의 남상濫觴조차도
강원도에 들어있다는 게 내 생각입니다.

영산강과 금강까지는 좀 심했다고요?
아무튼 강원도는 모든 강물의 원천이기에
강원도의 자긍심이 있는 것입니다.
금수강산錦繡江山이란
비단錦으로 수繡를 놓은 듯
시원하고 아름다운 물줄기江와
우뚝우뚝 솟은 산山들이 즐비하기에
생겨난 이름이듯이
적어도 강원도라는 지명만큼은
나라 대동맥의 원천이라는 것입니다.

우리의 수도 서울을 관통하는
한강을 사이에 두고
강남과 강북의 삶의 문화가
특색 있게 발전해 온은 사실입니다.
발원지가 태백시 창죽동이고
고도가 1,200m 지점이며
우리나라에서는 낙동강 다음으로
가장 긴 494km의 강이 한강입니다.

하구는 김포반도 서북단 황해 수역으로
유역 면적이 한국에서 가장 넓어
한강을 의지해 살아가는 인구가
절대다수인 소중한 하천입니다.
만약 강원도가 없었다면
다시 말해 강의 원천지源泉地로서의
강원도가 없다고 가정했을 때
도저히 다음 답이 나오지를 않습니다.

초당 670 세제곱m인 한강에 비해
중국 황허는 꼭 4배나 되는 유속입니다.
게다가 강의 길이는 한강의 11배
유역은 35,770 제곱km인 한강의

21배로서 752,000 제곱km이니
황허의 크기가 가히 짐작이 가겠는지요?

다른 이름으로 양쯔강揚子江이라 불리는
창지앙長江으로 인해
중국도 강북과 강남이 나뉘었는데
창지앙은 황허보다 규모가
훨씬 큰 편에 속합니다.

물 하河 자와 물 강江 자는
의성어擬聲語에서 붙여진 이름입니다.
누란 대하가 허허허허 흐른다 해서 하河고
긴 강을 '장장'하며 흐른다 해서 강江입니다.

0068 맑을 담淡

淡

맑을 담/물 맑을 담淡 자는

삼수변氵에 소릿값 불꽃 염炎자를 붙였습니다.

불꽃炎은 불火 위에 불火이 겹친 데서

활활 타오르는 모습을 따랐지만

담淡에서는 물이 담담하게 흐르기에

붙여진 의성어이자 의태어擬態語입니다.

물맛이 매우 담백하여

짜거나 진하지 않다는 뜻입니다.

해海함鹹하河담淡
린鱗잠潛우羽상翔

0069 **비늘 린** 鱗

0070 **잠길 잠** 潛

0071 **깃 우** 羽

0072 **날(개) 상** 翔

바닷물과 시냇물은 짜고싱겁고
물고기는 물속으로 새는하늘로

0069 비늘 린鱗

鱗

물고기는 민물고기든 바닷고기든
대부분 피부가 비늘鱗scale로 되어 있습니다.
이 비늘이 그들에게는 피부지요.
우선 비늘은 물에 젖지 않습니다.
불교에서 좋아하는 비유에
연꽃의 비유가 있지요.
진흙탕에서 고운 꽃을 피우지만
꽃은 물론 그 이파리조차도
진흙에 물들지 않는다고 말입니다.

이 불착수不着水의 법칙을 따서
신소재 고어텍스Gore-Tex를 개발해
아웃도어outdoor상품을 만들었습니다.
그런데 물고기의 피부인 비늘도
진흙탕뿐 아니라 어떤 물도 스며들지 않습니다.

물고기에게서 배울 게 있다면

단벌 신사로 평생을 살아감입니다.
단벌 숙녀는 없느냐고요?
왜 없겠습니까? 물고기에 단벌 숙녀도 있습니다.
인위적으로 방오防汚 처리를 하지 않아도
피부로 된 옷이 더러워지지 않으니
나름대로 경제성이 뛰어나지요.
왜 물과 오물이 묻지 않을까요?
끈끈한 점액질 때문입니다.
비늘은 모양별로 크게 4가지로 나뉩니다.

첫째 둥근비늘圓鱗
둘째 빗비늘櫛鱗
셋째 굳비늘硬鱗
넷째 방패비늘盾鱗입니다.

둥글 원圓 비늘 린鱗의 둥근비늘은
붕어 잉어 연어 꽁치 따위지요.
비늘 모양이 크고 둥글고
뚜렷하면서 얇습니다.

빗 즐櫛 비늘 린鱗의 빗비늘은
쏘가리 망둥어 숭어 참돔 따위인데

비늘 모양이 네모지고
비늘 끝이 가시처럼 돋아 있습니다.

굳을 경硬 비늘 린鱗의 굳비늘은
철갑상어 등이 지닌 비늘을 가리킵니다.
비늘이 판 모양으로 이어져 있고
딱딱하고 단단하며 번들거립니다.

방패 순盾 비늘 린鱗의 방패비늘은
상어나 가오리 따위의 비늘로
피부가 가죽처럼 질기고
거칠게 느껴지는 것이 특징입니다.

이 비늘 린鱗 자를 살펴보면
고기어변魚에 도깨비불 린粦 자를 썼습니다.
고기 어魚 자 맨 위에 있는 것⺈이
물고기의 머리에 해당하고
가운데 밭 전田자는 밭이 아니라
비늘 조각들을 묘사한 글자입니다.
그리고 아래 불화발灬은
으레 물고기의 꼬리가 맞습니다.

오른쪽에 소릿값으로 붙여 놓은
도깨비불 린粦 자는 어떻습니까.
쌀 미米 자 아래 어그러질 천舛 자를
세로로 포개 놓았습니다.
쌀 미米 자까지는 이해가 가는데
어그러질 천舛 자는 쉽게 이해가 가지 않겠지요?
어찌하여 한 쪽은 저녁 석夕자인데
다른 한 쪽은 감출 혜匸자에
뚫을 곤丨자를 놓은 것인지요.

도깨비는 눈에 띄지 않습니다.
가령 눈에 띈다 하더라도
일정하게 정해진 모습이 없습니다.
그러기에 어떤 때는 콩 터는 도리깨로 나타나고
어떤 때는 짚신이나 빗자루로 나타납니다.
그도 도깨비가 지나가고 난 자리에
남는 모습으로 미루어 알지요.

도깨비불 린粦 자를 살펴보면
도깨비가 밤새夕 불粦 을 밝혀 들고
이서방네 쌀가마니米를
박서방네 집 곳간에 갖다 놓고

박서방네 곡물가마니米를
장서방네 곳간에 가져다 놓습니다.
저녁 석夕 자는 밤을 지새움이고
감출 혜匸 자는 몰래 선행을 베풂이며
꽂을 곤丨 자는 도깨비지팡이를 뜻합니다.
비늘 린鱗 자에서 도깨비불 린粦 자는
소릿값이라 물고기와는 상관이 없습니다.

나무 테로 나무의 나이를 세듯
물고기도 비늘로 물고기의 나이를 센다는 것은
이미 다들 알고 계시겠지요?
게다가 열대지방 나무에 테가 없듯
열대어들도 비늘 테가 없다는 것
역시 익히 알고들 계시지요?
식물계와 동물계의 조상이 같습니다.

0070 잠길 잠潛

潛

"요즘 보이지 않던데?"

"으음 며칠간 잠수潛水 탔지!"

"잠수, 그거 아무나 타나?"

"그러게 말이야, 쉽지는 않더군."

요즘 세간에서 곧잘 쓰는 유행어입니다.

그런데 정말 잠수를 탈 수 있습니까?

결론부터 얘기하면 불가능합니다.

잠수를 타려면 맨몸이 아니라

잠수함을 이용해야 할 것입니다.

또 모르지요.

느닷없이 몸에 비늘이 돋고

아가미가 생기고, 꼬리가 생기고

물갈퀴가 생긴다면 모를까

38억 년 전 생명의 시원始原으로 올라가

사람이 바다에서 왔다 하더라도

육지에 적응되는 시간을 뛰어넘어

물속에서 장시간 숨을 쉴 수는 없습니다.

잠길 잠潛 자에 담긴 뜻으로는
잠기다, 가라앉다, 마음을 가라앉히다, 자맥질하다
감추다. 숨기다, 소용돌이치는 물 곧 소沼
물고기가 모여들게 하는 풀, 고기 깃
물 이름으로 한수漢水의 다른 이름
몰래, 슬그머니 등의 뜻이 들어 있습니다.

삼수변氵에 일찍 참朁 자입니다
이미기방旡이 2번 들어간 잠潛 자는
'이미 앞서'의 뜻이고
지아비부夫가 2번 들어간 잠潜 자는
사람은 물속 세계를 알아야 함이며
먼저선先 자가 2번 들어간 잠潜 자는
매우 앞선 학문이어야 함을 표현한 것입니다.

아래에 가로왈曰 자를 놓은 것은
물고기의 아가미를 뜻하면서
물 속氵에서 대화한다는 것이지요.
목잠길기旡 2자가 나란히 놓였는데
두 사람이 데이트하며 걷는 모습입니다.

잠수함潛水艦이라 할 때

잠길 잠潛 자를 쓰고 있다는 것은

잠潛의 본뜻을 제대로 쓴 것입니다.

잠수함에서는 얘기曰도 나누고

걸어다니는 것도 얼마든지 가능하니까요.

0071 깃 우羽

'깃'이라 할 때는 이름씨이지

'날아가다'라는 움직씨가 아닙니다.

'날다'라는 움직씨의 대표적 글자로

날 비飛 자를 쓰고 있는데

날 비飛 자는 깃털이 밖으로 펴지면서

날아가는 듯한 인상을 심어줍니다.

그에 비하여 깃 우羽 자는

깃털이 안쪽으로 숨은 모습입니다.

목 뒤의 깃을 한껏 세우고

하늘을 나는 날 비飛 자의 모습은
날 비飛 자가 움직씨란 뜻입니다.
깃 우羽 자를 즐겨 쓰는 곳이 있습니다.
바로 익힘習입니다.

'날개'라는 이름씨와 '날다'라는 움직씨는
아주 전혀 다른 남남이 아닙니다.
서로 없어서는 안 되는 관계지요.
익힘習이란 말을 언급했는데
새의 날갯짓에서 가져온 말입니다.
처음白으로 날갯짓羽을 시작白하면서
자유롭게 날 수 있게 되기까지는
수많은 시행착오를 거칩니다.
익히고, 익히고 또 익히는 것이지요.

무엇이든 하루아침에
뚝딱 이루어지는 것은 많지 않습니다.
물고기가 사는 세상은 어디일까요?
으레 물입니다.
물에서 태어나 물에서 살다가
물에서 죽는 것이 물고기이듯이
새가 날개가 있다 하여

나는 일을 학습하지 않고
자유롭게 날 수는 없습니다.

백수의 제왕이라 일컬어지는 사자가
어미로부터 사냥 훈련이 없고
같은 배 또래들과
사냥의 협동을 배우고 익히지 않은 채
제왕의 자리에 설 수는 없습니다.
치타가 시속 100km를 내는 게
달리기 연습 없이 가능하겠는지요.
고양이 앞의 쥐라고 하지만
사냥 기술을 익히지 않은 고양이는
눈앞에 있는 쥐도 쉽게 잡지 못합니다.

스님네들도 마찬가지입니다.
습의習儀와 법도를 익히지 않고
머리를 깎았다고 저절로 되지는 않으며
불법을 익히지 않은 채
단지 승려라는 겉모습 하나만으로
불법을 전할 수는 없습니다.

0072 날(개) 상翔

翔

'날개 상'이라고 새긴다면
'날개'라는 이름씨가 될 것입니다만
'날 상'이라고 풀이한다면
'날다'라는 움직씨가 될 것입니다.
일반적으로 '날개 상'이라 하지만
본뜻은 이름씨가 아니라
움직씨로 '날 상'이라 새김이 좋습니다.
비상飛翔이라는 말이 있는데
영어로 플라이트flight
플라이잉flying이 있고
쏘링soaring이 있습니다.
뜻은 대개 비슷하지만
영어가 주는 미묘한 느낌이 있지요.
중국어나 우리나라 말 못지않게
문학적인 느낌이 영어에는 참 많습니다.

날개라는 동력이 없다면

난다는 행위가 주어지지 않습니다.
또 나는 행위가 없는 날개란
한 해 내내 차고에 서 있는 자동차와
다를 게 하나도 없습니다.
날 상翔에서 양 양羊은 소릿값이고
오른쪽 깃 우羽가 의미소입니다.

소릿값의 양羊도 어느 정도 의미소를 지닙니다.
양羊은 머리 위에 뿔이 돋아 있습니다.
톰슨가젤도 마찬가지고요.
그래서 영양이나 톰슨가젤은
소목 소과에 속하는 동물입니다.
동물의 최고 속도를 알아볼까요.
모두 시속km/h입니다.

01위. 치타 114km/h
02위. 가지뿔영양 86km/h
03위. 누 80km/h
04위. 사자 80km/h
05위. 스프링복스 80km/h
06위. 그랜트가젤 76km/h
07위. 톰슨가젤 76km/h

08위. 아메리칸 쿼터 호스 76km/h

09위. 엘크 72km/h

10위. 숲멧토끼 72km/h

날개 상翔 자에 들어 있는 양羊이

어쩌면 가지뿔영양이고

스프링복스고

그랜트가젤이고

톰슨가젤이고

누며 엘크일 것입니다

거기에 의미소 깃 우羽 자가 붙었으니까요.

용龍사師화火제帝
조鳥관官인人황皇

0073 **용 용 龍**

0074 **스승 사 師**

0075 **불 화 火**

0076 **임금 제 帝**

복희씨와 신농씨는 용사화제요
소호씨는 조관이고 인황씨인황

바야흐로 역사가 열립니다.
우주와 자연의 역사는 아예 처음부터 시작되었고
계절과 날씨와 율려의 삶 자원의 세계마저도
진작부터 있어왔지만 천자문이 이제 여기서
인문의 새로운 역사를 열어갑니다.
천자문에서는 역사를 네 갈래로 거론합니다.

첫째 치수의 역사=용사龍師
둘째 요리의 역사=화제火帝
셋째 하늘의 역사=조관鳥官
넷째 문화의 역사=인황人皇

0073 용 용龍

용의 생김새는 구불구불합니다.
몸의 구조가 뱀과 같지요.
다만 머리에 뿔이 있고
뱀에게는 없는 발이 있습니다.

도마뱀이나 도롱뇽처럼
용은 여의주를 입에 물고 있습니다.
아! 또 다른 게 있습니다.
뱀은 이빨에서 독액을 뿜지만
용은 입에서 독한 불을 내뿜습니다.
법화경에 따르면 부처님이 법화경을 설하시고자
무량의처삼매에 드시기 전 모여든
청중들 가운데 팔대용왕들이 있었습니다.

난타 용왕을 비롯하여
발난타 용왕, 사갈라 용왕, 화수길 용왕
덕차가 용왕, 아나바달타 용왕, 마나사 용왕
우발라 용왕 등이었습니다.

이들은 용의 무리에서도 용왕들이라 VIP였고
옵서버observer로 참석한 용들도
수를 헤아릴 수 없었습니다.
용이 맡은 역할이 무엇일까요.
맞습니다. 구름과 비와 물입니다.

저하늘의 명을받아 비구름을 일으키고
백성들을 사랑하여 온누리에 비내리니

가지가지 신통변화 헤아릴수 없는데다
자재하고 걸림없고 성스럽기 그지없네

그러므로 저희이제 지극정성 기울여서
단을쌓고 향사르고 헌공예배 하나이다
용왕단예경《우리절 법요집》 170쪽

용의 역할은 중요하기 때문에
예경문과 용왕청이 따로 있습니다.
독성단, 칠성단, 산신단처럼
용왕은 별도 예경의식이 있습니다.
풍백우사청風伯雨師請이나 풍백우사 예경처럼
다른 신들과 한데 묶여 있지 않습니다.

불교도 불교려니와
특히 중국에서는 용을 신성시합니다.
중국 문화는 용에서 시작하여
용과 더불어 함께하다가 용으로 끝납니다.
앞서 언급했듯 용은 구불구불하지요.
이게 무엇을 의미할까요.
도랑이고 하천이고 강물입니다.

중국의 신화를 담은 상고사에서
푸씨伏羲fuxi는 물을 다스렸습니다,
물氵을 다스림台에서 다스림이란 용어가 나왔고
산을 다스리고
물을 다스리고
사람을 다스리고
나라를 다스린다는 데 이르렀지요.
정치의 치治도 바로 여기서 비롯됩니다.

치수의 제왕이라 하여
푸씨에게 '용사' 칭호가 붙습니다.
용사가 잘한 일이 치수뿐일까요.
아닙니다.
또 있습니다.
성문화性文化를 바르게 이끌었습니다.
갑자기 웬 성문화냐고요?

바로 표현하면 용龍은
남성의 상징 페니스입니다
남성들은 한참 사춘기 때
수음手淫Masturbation을 즐깁니다.
이를 '용두질龍頭膣'이라 합니다.

내친김에 용龍 자에 담긴 뜻을 풀어볼까요?
발기한 페니스月는 서立 있는데
무卜radish처럼 단단하게 발기한
자기己 페니스를 만지며 즐기는 것입니다.
이 즐김의 행위를 제 몸己으로 표기하되
역경易經의 풍동風動의 뜻에 해당하는
석 삼三 자로써 그 뜻을 드러낸 것입니다.

일반적으로 용龍 자는 16획의 부수이기에
파자하지 않고 통째로 받아들이지만
만약 파자한다면 위와 같습니다.
따라서 미스터 푸씨를
용사의 제왕이라 일컫는다면
이는 청소년들의 성뿐만 아니라
옛날이나 지금이나 생명들이 삶의 세계에서
늘 중요한 이슈Issue로 떠올랐던
성문화를 바르게 이끌었다고 봅니다.

0074 스승 사師

師

회의문자로 수건 건巾이 부수지요.

비단幣 무더기堆의 뜻입니다.

무더기는 작은 언덕배기며

엄폐물에 해당하기도 합니다.

수건 건巾자 위에 한 일一 자를 얹어

에워싼다는 잡帀 자를 만들었습니다.

사방帀이 온통 흙무더기라는 것은

많음을 표현한 것이지요.

따라서 스승 사師 자의

1차적 뜻은 많음이고

2차적 뜻은 의지처依支處며

3차적 뜻은 여유로움입니다.

그러므로 사師는 군의 편제에서 사단에 해당하고

적과 교전 중에는 몸을 숨길 방호로서의

엄폐물에 해당한다 하겠습니다.

그리고 또한 스승은 제자들을
두루 감싸야 하고
많이 알고 여유로워야 합니다.
부처님이 말씀하셨지요.
"아는 것 없이 남의 스승이 되지 말라."
스스로 알지 못하면 함께 구렁텅이에 빠집니다.
그러므로 스승은 횃불을 들고
앞서 길을 밝히는 길잡이導입니다.

스승을 뜻하는 스승 사師 자와
군의 총사령관 원수 수帥 자는
사회적 역할이 같습니다.
덮힌 장막一을 걷고
하나一의 깃발巾 아래 뭉쳐
일사불란하게 움직이는 군대는
스승의 가르침대로 따라서 배우는 학도와 같아
사령관의 위치가 얼마나 중요한가를
가늠한다고 할 수 있을 것입니다.

0075 불 화火, 0076 임금 제帝

火帝

불 화火 자는 상형문자입니다.
불타고 있는 모습을 본뜬 것으로
폭발하면서 내뿜는 화산을 그려냈다고 봅니다.
불이란 변화의 주역이지요.
어떤 것도 불 앞에서는 타버리거나
변형되거나 색이 변하거나 녹아 없어집니다.

한문으로도 '불 화火huo'의 후오와
'변화 화化hua'의 후아가
소릿값이 비슷하다 하여
예전에는 같이 쓰이기도 했습니다.
이는 또 불은 변화를 가져오고
변화 속에서 모두는 사그라지기에
아주 먼 옛날에는 헐 훼毁 자와
불 화火 자가 같이 쓰이기도 했습니다.

인간에게 불을 가져다 준 신이 누구라고 하던가요?

헤파이스토스는 불의 남신이고
헤스티아는 불의 여신이며
아그니Agni는 인도의 불의 신입니다.
불카노스는 화산의 신이고
조왕竈王은 부엌 신이며
수르트, 로키, 네르갈
뉘와女媧Nuwa,
쭈룽祝融Zhurong,
부군당 망태 할아버지가 불의 신이고
쎈농神农Shennong도
불의 신 화제火帝Huodi입니다.

불이 없었다고 한다면
인간의 삶이 어떨까 생각합니다.
어제 서툰봄立春을 맞았습니다만
민속에서는 삼재풀이라 하여
수재 화재 풍재로부터
안전하길 바라며 기도를 올립니다.

물의 재앙 바람의 재앙과 같이
불의 재앙도 무섭습니다.
나는 보일러가 탈이 나서

지난 1월 10일부터
엊그제 서툰봄立春날 전야까지
날짜로 25일간 추위에 떨었습니다.
불로 다 태움도 화재이지만
불이 없어 고생함도 불의 재앙입니다.

태풍이 불고 홍수가 나서
집이 통째로 날아가고
가재도구가 다 떠내려가는 것만이
풍재나 수재가 아닙니다.
바람이 너무 없어도 풍재고
전기가 나가서 단수가 되어도
이 또한 물의 재앙입니다.

나는 한 해 중에서 가장 추운 계절을
불이 없어 추위에 떨어야 했고
식수와 함께 화장실 물이 얼어
엄청난 불편을 감수해야만 했습니다.
방안에서도, 서재에서도
냉기冷氣로 생고생을 했습니다.

불의 발견은 문명의 시작입니다.

문화를 띈 문명입니다.
인류의 조상들이 불을 발견하기 전에는
생식을 해야 했기 때문에
박테리아 위험에 그대로 노출되어
그날그날의 삶을 보장할 수 없었습니다.

육류, 어패류는 물론, 채소까지도
마음 놓고 먹을 수 없었습니다.
과일도 예외는 아니었지요.
조류 독감이 의심되는 식품을 놓고
먹을 것이냐 말 것이냐
한때 많은 고민들을 했습니다.
요즘 국제 사회에서는
공인된 가공식품이 아니면
수출입이 금지되어 있습니다.
어떤 미생물이 묻어갈지 모르니까요.

불의 정의를 내릴 때
첫째 탈 것이 있어야 하고
둘째 발화점 이상의 열이 있어야 하며
셋째 산소가 충분히 공급되었을 때
탈 것을 태우며 타오르는 게 불입니다.

그러기 때문에 불이란
열과 함께 빛이 있어야 하고
꺼지지 않고 계속 타올라야 합니다.
탈 것에도 3가지가 있습니다.
고체 연료로 연탄 나무 등이 있고
액체 연료로 석유 휘발유 알콜 등이 있으며
기체 연료로 프로판 메탄 부탄가스 등이 있습니다.

발화점 이상의 열이 있다 하더라도
탈 것과 조화를 이루어야 하지요.
나무, 종이, 연탄이 젖어 있다면
한 개비 성냥불로는 불을 붙일 수 없습니다.
수십 통 성냥의 불꽃이라면
그때는 물론 답이 달라지겠지요.

산소도 마찬가지입니다.
보통 공기 중 산소 함량은 21%지요.
그러나 고체 연료의 경우
산소 함량이 6% 이하면 불은 꺼지고
액체 연료는 15% 이상이어야
불이 꺼지지 않고 탈 수 있습니다.

첫째 물음, 번갯불은 불이 맞을까요?
번갯불의 사촌 전등은 불일까요?
자동차 라이트는 불이 맞습니까?
할로겐 LED도 불에 들어가나요?
물의 성분이 수소와 산소이듯
불에도 어떤 성분이 있습니까?
둘째 물음, 불의 신이었던 쎈농은
이런 불의 세계를 알고 있었을까요?
셋째 물음, 꺼진 뒤에도
불의 실체가 존재합니까?
나는 곧잘 얘기합니다.
불을 가져온 제우스나 쎈농보다도
불씨를 꺼트리지 않고 살려온
우리 어머니와 할머니
그 위의 할머니와 할머니들이
바로 불의 신들이시라고 말입니다.

용龍사師화火제帝

조鳥관官인人황皇

0077 새 조鳥

0078 벼슬 관官

0079 사람 인人

0080 임금 황皇

복희씨와 신농씨는 용사화제요

소호씨는 조관이고 인황씨인황

0077 새 조鳥

새는 '사이'입니다.
'사이'를 줄여서 '새'라 한 것입니다.
하늘과 땅 사이에 자유롭기에
바다와 육지 사이, 남녘과 북녘 사이
사람과 자연 사이 어디서나
자유로운 존재, 새가 된 것입니다.

푸른 하늘을 마음껏 날 수 있는
나는 새이고 싶습니다.
언제든지 가고 싶으면 가고
내리고 싶으면 내려앉고
나뭇가지 위에서 졸고 있더라도
게으른 녀석이라 타박할 이 없는
나는 한 마리 새이고 싶습니다.

이왕이면 1억 5천만 년 전
쥐라기에 살았던 것으로 알려진

시조새가 되고 싶습니다.
부리에 난 날카로운 이빨은
어떤 것이라도 다 소화할 수 있을 것이니
경제가 어려운 요즘에 있어서는
딱 어울리는 생존 시스템입니다.

새가 되고 싶습니다.
나는 시조새가 되고 싶습니다.
파충류의 갈비뼈를 지니고
도마뱀의 엉덩이를 갖고 싶습니다.
보드랍고 강한 깃털과 함께
많은 뼈로 이루어진 긴 꼬리
날개 끝에 3개 발가락과
날카로운 발톱을 갖고 싶습니다.

그런데 문제가 생겨
진화하기로 마음을 고쳐먹습니다.
왜냐하면 시조새 모습으로는
저 넓고 푸른 하늘을
마음껏 날 수 없는 까닭입니다.

자유롭고 싶습니다.

그냥 자유로운 게 아니라
자유로움마저도 훌훌 벗어던지는
높은 비상을 하고 싶습니다.
한 번 날갯짓으로 삼천리 파도를 일으키고
회오리바람을 타고 구만리를 날아올라
여섯 달 동안 날아가는
쭈앙즈庄子Zhuangzi(B.C368~B.C286)의
한 마리 붕새이고 싶습니다.

아닙니다. 봉조鳳鳥이고 싶고
청조青鳥이고 싶습니다.
현조玄鳥이고 싶고
백조白鳥이고 싶습니다
마파람 불면 마파람 타고
샛바람 불면 샛바람 타고
하늬바람에 몸을 맡기고
높새바람 따라 훨훨 날고 싶습니다.

봉조, 청조, 현조, 백조이고 싶었는데
날갯짓 한 번에 쓰이는 열량을
감당하기 어려워 그냥 까마귀이고 싶습니다.
그 숱한 새들 가운데

두뇌가 가장 발달한 까마귀
나는 한 마리 까마귀이고 싶습니다.

새는 사이의 줄임말입니다
나는 '사이'의 새가 되고 싶습니다.
까마귀가 아니더라도 사람과 사람 사이
있는 자와 없는 자 사이
높은 자와 낮은 자 사이
부모와 자녀 사이
아내와 남편 사이
형제, 남매, 자매, 숙질, 조손 사이에
사랑을 물어다 주는 새
대화의 물꼬를 트는 새
희망과 기쁨과 행복을 속삭이는 새
그런 한 마리 새이고 싶습니다.

0078 벼슬 관官

나의 새는 볏이 없습니다.
당신의 새도 볏이 없을 것입니다.
나의 새는 사이에 처할 뿐
자기를 내세우지 않는 까닭에
감투를 쓸 이유가 전혀 없습니다.
당신의 새도 사랑으로 뭉쳐
어쩌면 감투가 번거로울지 모릅니다.
새에게는 애초부터 볏이 없지요.
닭에게서나 가능하니까요.

옛날, 한 선지식이 말씀하셨습니다.
"뭐, 중이 벼슬을 한다고?
그거 닭 볏만도 못한 걸세"
벼슬官이란 쌓아 모음𠂤입니다.
어디다 쌓아 모을까요?
남의 집 남의 곳간이 아니라
제 집 제 곳간宀에 쌓아 모음입니다.

벼슬官이란 감투가 아니라
'사이'를 조화롭게 만들어가는
하나의 질서 시스템입니다.
벼슬에는 높낮이가 없고
벼슬에는 크고 작음이 없으며
벼슬에는 많고 적음도 없습니다.
교만이 없거니와 굽실거림도 없습니다.

그러나 벼슬에는 컬러가 있습니다.
세상을 멋지게 가꾸고 다스릴
갖가지 고운 빛깔이 있습니다.
빨강, 주홍, 노랑, 초록, 파란 빛깔과
영롱한 쪽빛과 보랏빛이 있습니다.
이 영롱하고 아름다운 컬러로
사이間를 꾸며가는 게 '새'입니다.

대화를 만들어 내고
사랑을 만들어 내고
희망을 만들어 내고
행복을 만들어 내고
웃음을 만들어 내고
진공을 만들어 내고

묘유를 만들어 내는 빛깔입니다.

벼슬이란 중도中道입니다.
세상에 그 어떤 닭도
하나 이상의 볏을 갖고 있지 않지요.
그 볏도 옆구리나 꽁무니
날갯죽지 아래 넣어두지 않고
부리보다 콧구멍보다
귀보다 더 높은 곳에
아니 두뇌보다 더 높은 곳에
단 하나 중앙center에 올려 놓았습니다.

벼슬官은 한쪽으로
치우침을 용서하지 않습니다.
언제나 중도고 중용일 뿐입니다.
그래서 쌓아 모은 무더기垖는
황금 무더기가 아니고
뇌물 무더기는 더더욱 아닙니다.
사람과 사람 사이에 필요한
지혜로움의 무더기입니다.

0079 사람 인人

人

사람, 사랑, 삶, 살갗, 산 등은
모두 말뿌리語根가 '살'이고
'살'이란 '살아 있음'의 뜻입니다.
다시 말해서 사람은 삶을 살아가되
살갗이 온전해야 하고
거기에는 사랑이 있어야 합니다.
사랑이 없다면 '산'이 아니라
그는 '죽은'의 개념이 될 것입니다.

실제로 매주 한 번이라도
산사를 찾거나 산에 오르는 사람은
'산'과 함께 하는 시간 자체로도
생각이 다이나믹Dynamic해져서
살아 있는 기운을 느끼곤 합니다.
스님네 출가를 입산入山이라 하지요.

산은 역동적이며, 살아 있음이며

깨끗함이며, 순수함이며
부동인 동시에, 쉼 없는 움직임이며
스스로 그러함이며
엄격함이며, 사랑을 품음이며
어질고 옳음이며 슬기며 믿음입니다.

이토록 좋은 사람이
열이고 백이고 천이고 만입니다.
억이고 조이기에 억조창생이라 했을 것입니다.
그러나 나는 분명히 얘기합니다.
억조창생이 억조창생이기 위해서는
사이間가 반드시 필요합니다.

시각과 시각 사이가
다름 아닌 시간時間입니다.
공기와 공기 사이는 공간空間입니다.
그렇다면 사람과 사람 사이는
으레 인간人間이 아니겠는지요.
사람과 사람은 있는데
이 사람과 사람 사이를 가꿀
율려로서의 사이가 필요합니다.

모래가 곱습니다. 진흙이 섞이지 않은
순수한 모래만의 세계는 곱습니다.
세상에서 가장 아름다운 모래는
남아프리카 나미비아 사막입니다.
탄자니아 잔지바르 해변 모래가
제일 곱다고 했더니
그보다 고운 모래가 있다는군요.
그러나 아무리 아름다운
나미비아 사막의 모래라 하더라도
모래알과 모래알 사이를
이어주는 사이間가 없었다면
그는 사막이 아니라
모래바람에 흩날리는 먼지일 뿐입니다.

모래에 점성이 없으면
건축물로 쓸 수가 없다고요.
꼭 건축물 아니면 어떻습니까.
사막 그 자체로 완벽하지 않습니까.
뭉쳐지지 않는다고
무조건 나쁜 것이 아니라
어떤 상황에서 뭉칠 것인가가
더없이 소중한 철학이겠지요.

그러나 사람은 다릅니다.
사람은 사막의 모래가 아닙니다.
스스로 움직이고
탐하고 성내고 집착하는 존재입니다.
생각하는 존재입니다.
그러기에 존재와 존재 사이
거기에는 반드시
사이間의 철학이 필요합니다.

0080임금 황皇

왕王이 삼재三才
곧 하늘 땅 인간을 위한 소임자라면
황皇은 임금 위에 있습니다.
햇살日이 누리를 비추丶듯
백성들의 살림살이를 챙기는
매우 막중한 직책의 소임자입니다.
혹은 임금 황皇 자에서

흰 백白 자를 스스로 자自 자로
달리 푸는 이들도 있지만
나름대로 일리가 있습니다.
누가 시켜서 왕이 된 게 아니라
스스로自 왕王이 된 것입니다.
누가 시키지 않았는데
스스로 창조주라 일컫고
스스로 하나님이 되는 예에서 보면
전혀 이상할 게 없습니다.
하긴 옛날 왕조시대에는
혈연관계로 왕이 이어져 왔으니까
태자로, 원자로 태어나는 것
그거 하나가 관건이었지요.
물론, 지금도 지구촌 곳곳에서는
대를 이어 권력을 차지하고
그 권력에 맹종하고들 있습니다.

황제의 황皇은 햇살입니다.
해日 위에 찍은 점丶이 햇살입니다.
우리나라는 주 5일 근무제지요.
이 주 5일 근무제가
제3세계 아프리카 탄자니아에서는

우리보다 일찍부터 시행되었습니다,
깨어 있는 민족입니다.
사람은 일만 하기 위해서
이 땅에 태어난 게 아닙니다.

일은 삶의 과정에서
자연스레 이루어지는 본능일 뿐입니다.
자연의 세계에서는 쌓음이 없지요.
오직 인간이 쌓을 뿐입니다.
아무튼 황제의 황皇은
태양의 빛과 에너지를 예로 가져와
임금의 상징을 표현한 것입니다.

일설에 따르면 황皇 자에서 흰 백白 자는
황제의 면류관冕旒冠이라 합니다.
황제의 머리에 놓인 면류관은
햇살처럼 순수白해야 한다지만
나는 그렇게 풀지 않습니다.
햇살이 순수한가요?
햇살은 결코 순수하지 않습니다.

내가 챙기고 싶은 말은

태양은 인간이 주5일 근무를 하든
주6일 근무를 하든, 단 하루도 거르지 않든
자신과는 아무런 상관이 없습니다.
태양은 일 년 365일 내내
하루 24시간 잠시도 쉬지 않고
자신의 빛과 에너지를 보내고 있습니다.

태양이 밤에도 일을 한다고요.
네, 당연합니다.
국정의 최고 책임자인
대통령 할 일이 나오지 않았습니까?
그만큼 황제의 할 일은 큰 것이지요.

참고로 한 마디 덧붙일 게 있습니다.
용사의 아이디가 푸씨伏羲고
화제의 아이디가 쎈농神農이듯
조관鳥官 ID는 샤오하오少昊Shaohao고
인황人皇 ID는 황띠皇帝Huangdi입니다.

시始제制문文자字
내乃복服의衣상裳

0081 비로소 시始

0082 지을 제制

0083 글월 문文

0084 글자 자字

처음으로 상형문자 생긴이래로
상의하상 만들어서 입게하였네

0081 비로소/처음 시始

始

아으, 하나님이시여!
하나님 어머니시여!
거룩하신 어머니 하나님이시여!
당신은 곧 여자이십니다.
여자이시기에 생명을 낳으시고
어머니시기에 생명을 기르시나이다.

당신을 아버지라고 부르는데
만약 당신의 생각이 개념이 아니고
질량을 지닌 존재 개념이라면
당신은 분명 여자십니다.
당신께서는 페니스가 아니라
움womb을 갖고 계신 분이십니다.

움집, 움막을 비롯하여 김치움 토굴집처럼
포근한 움사람Women이십니다.
처음始 달月거리를 치르는 소녀

그녀는 이때부터 비로소 그냥 여인에서
딸女에서 엄마母가 될 자격을 부여 받습니다.
그녀女는 태胎를 지니게 되었고
태 안에 아기를 받을 수 있습니다.
포근한 자궁을 가진 움사람이 되어갑니다.

영어에서 여성을 우먼이란 함은
한문 표기와 마찬가지로
자궁Womb을 가진 사람men이지요.
딸女일 때 없던 유방丶丶이 엄마母는 있습니다.

저우씽스周興嗣Zhouxingsi시여!
당신께서는 1,500여 년 전
이 멋진 《천자문》을 지으시면서
어머니 하나님을 보신 게 맞습니다.

'처음'이라면 '처음 초初' 자도 있고
'처음 창創' 자도 있었을 텐데
'처음 시始' 자를 여기 놓으셨으니
'처음 시' 자가 엄마로서의 출발임을
당신은 느끼신 게 분명합니다.
창조주가 어머니임을 알고 있었습니다.

처음 시始 자와 삼 태胎 자가
본디 같은 글자였는데
삼 태 자에서 달 월月 자를 떨구어내고
그 자리에 계집 여女 자를 놓음으로서
무심코 접하는 처음 시始 자가
소녀의 초경을 상징하게 되었습니다.

아무튼 생명의 비롯됨은 여자입니다.
구약의 창세기에 따르면
남자를 먼저 만든 뒤 그의 갈비뼈
하나를 뽑아 여자로 만들었다고 합니다.
하지만 수태되고 자궁에 착상된 뒤에도
태아의 성장 모습은 여아지요.
그러면서 나중에 남아일 경우
성징인 페니스가 돋기 시작합니다.

처음 시始 자에서 계집 여女 자를 뺀
태台 자는 '별 태'외에 '기를 이'로 새깁니다.
태내에서는 물론, 태어난 뒤에도
자녀 양육은 어머니가 맡았습니다.

새 생명의 탄생을 두고

어머니는 타동사 '낳다'이고
아기는 자동사 '태어나다'입니다.
이 '태어나다'라는 말은
'모태에서 밀려나다'의 뜻입니다.
아기가 모태에 더 머물고 싶어도
생명의 법칙은 이를 허락하지 않습니다.

산모는 더 커지기 전에 밀어내고
신생아도 태내가 더 좁아지기 전에
스스로 모태로부터 벗어납니다.
특별한 경우가 아니라면
264일 이후는 자리를 비워야지요.
새로 들어설 동생을 위해
자리를 비우는 생명의 법칙은
집착을 내려놓으라는 교훈을
이미 모태에서부터 배우는 것입니다.

0082 지을 제制

制

뭔가를 만들어감에 있어서
사적이냐 공적이냐 하는 것은
매우 중요한 개념입니다.
사적인 것이라면 지을 조造 자를 써도 상관없으나
사회적 또는 국가적 차원에서 설계하고
만들어가는 데는 조造가 아닌 제制이어야 합니다.
제制에는 공칙이 있는 까닭입니다

하나님이 하늘을 열고 땅을 만들며
빛과 어둠을 가르고 온갖 생명체를 만들고
이들 생명체들의 생존을 위해
약육강식의 시스템을 만들었다 해도
이는 하나님의 사적 일일 뿐 공적 일이 아닙니다.
어떤 상주물이 공적이기 위해서는
유지해 나갈 법도가 필요합니다.

이 지을 제制 자에는

절제하다, 억제하다, 금하다, 마름질하다
짓다, 만들다, 맡다, 바로잡다 따위와
법도, 규정, 황제의 언행 따위가 들어 있습니다.

'짓다'와 '만들다'를 제외하고
나머지는 모두 법도입니다.
일반적으로 법도나 규정은
만든 자를 위해서 필요한 것이 아니라
쓰는 자를 위해 필요한 장치입니다.
예를 들어 옷을 마름질할 때
입을 사람 치수에 맞추어야 하고
취향도 입을 사람에게 맞추어 마름질합니다.

여기서 나온 글자가
옷 의衣 자가 든 지을 제製 자인데
지을 제製 자는 특수 분야로 독립하게 하고
지을 제制 자는 일반 분야로 남아
보편성과 공공성을 덧붙여
제도와 법률로 쓰이게 되었습니다.
문자라고 하는 것은
모든 백성이 서로 소통해야 하는
규범과 제도가 있어야 하고

거기에는 통일성이 있어야 했습니다.

지을 제制 자를 파자하면
선칼도방刂이 의미소意味素입니다.
왼쪽 소 우牛 자와 수건 건巾 자도
소릿값과 함께 의미소를 지닙니다.
소牛의 수건巾이라면 그게 무엇일까요?
맞습니다. 덕석입니다. 이른바 쇠덕석입니다.
예전에는 짚으로 짠 덕석이었지요.

요즘은 짚 덕석만으로는
추위를 막아줄 수 없기 때문에
신소재로 덕석을 만든다고들 합니다.
아무튼 쇠덕석을 만드는 데도
손칼이나 낫 등 기구가 필요했으니
하물며 문자를 만드는 데
도구刂가 있어야 했을 것입니다.

일설에 따르면 지을 제制의 왼쪽 글자는
전지가위丿와 함께 작은 나뭇가지未라 합니다.
산야를 덮고 있는 자연의 숲이라면
사람의 손길이 닿지 않는 것이

더 아름다운 법이겠지만
뜰의 정원수는 다듬는 예술적 솜씨에 따라
더욱 아름답고 더욱 깔끔하겠지요.

제도도 마찬가지입니다.
여러 사람이 더불어 살아가는 데는
공동으로 지켜야 할 규범이 있고
그에 따른 질서와 매너가 필요하지요.
문자도 예외는 아닙니다.
문자란 언어와 함께
서로 간의 생각과 의견을 나눌
하나의 약속이자 신뢰며 기호입니다.

0083 글월 문文

이 글자에는 많은 뜻이 있습니다.

글월. 문장. 어구. 글. 글자. 문서. 서적. 책

문체. 채색. 빛깔. 무늬. 학문. 예술

법도, 예의, 조리, 현상, 산문, 결, 나뭇결

얼룩, 반점, 돈의 액수, 신발의 치수 따위와 함께

빛나다, 화려하다, 아름답다, 선미하다

몸에 새기다, 꾸미다, 먹물을 메기다

글자를 새기다, 어지러워지다

시, 수필, 소설, 평론, 문명, 문화 따위지요.

0084 글자 자字

이 글자 자字 자를 파자破字하면
집안宀에서 아이子를 낳음입니다.
아내女가 집안宀을 다스리면
편안安하고 안정되게 마련입니다.
집안宀에 자녀子가 있다면
글자字를 가르치라는 뜻입니다.

앞의 글월 문文 자와 더불어
불교는 3반야의 하나로 꼽습니다.
3반야가 무엇입니까?
첫째는 실상 반야實相般若고
둘째는 관조觀照 반야며
셋째는 문자 반야입니다

실상 반야와 관조 반야는 우선 접어두고
문자 반야를 한번 짚어볼까요.
문자도 반야에 들어가느냐며 어떤 이들은 묻습니다.

문자 반야가 있기에 관조 반야가 비추고
관조 반야가 비추는 까닭에
실상 반야가 모습을 드러나는 것이니
문자가 어찌 반야가 아니겠습니까?

천자문에서 얘기하는 문자는
오늘날 우리 인류가 사용하고 있는
발달된 문장과 글자로 된 그런 게 아닙니다.
한마디로 얘기해 그림문자입니다.
한자로는 상형문자象形文字이고
중국어로는 투화웬즈圖畵文字며
웨이드식 표기는 tuhuawenzi지요

곧 픽토 그래프Pictograph고
픽토리얼 심볼Pictorial Symbol이며
히에로 글립Hieroglyph이고
픽처 라이팅Picture Writing입니다.
다시 말해서 그림이 곧 문자고
문자가 그대로 그림입니다.
상형문자라면 이미지象와 꼴形을
하나의 기호文字로 삼은 것입니다.
옛날 중국인들이 다양성은 있었을지 모르나

포괄성은 없었던 듯싶습니다.
우리 조상들과 정반대였습니다.
우리에게는 다양성이 없는 게 아니라
포괄성이 있었습니다.
그러기에 한자는 수를 알 수 없지만
한글은 24자로 충분합니다.
일본어 50자와 영어 26자보다
더 적은 24자로 모두를 표기합니다.

우리 한글을 초성 중성 종성에 따라
제곱에 다시 제곱으로 곱하면
11,172개 글자가 이루어집니다.
이들 11,172자를 다 쓰지 않고도
세계 모든 문자를 다 표기할 수 있고
세계 온갖 언어의 소릿값을
고스란히 표현해 낼 수가 있습니다.

옛 선사들은 얘기합니다.
언어의 길이 끊기고言語道斷
문자를 세우지 않는다不立文字고
이는 본질 면에서 쓰는 말일 뿐입니다.
이 말조차도 언어를 떠나서는

표현이 불가능하고
이들 불가능한 표현조차도
문자를 떠나서는 전달이 안 됩니다.

우리 일부 스님들이나
불교 공부 좀 하셨다는 이들은
아무 데서나 불립문자를 내세우고
입만 열면 언어도단을 뇌까리곤 합니다.
제 자신을 속이는 것은 모르겠으나
다른 사람까지 눈멀게 하고
귀 먹게 해서는 절대로 안 됩니다.
옛 선사들 흉내 내다가
세세생생 무간업無間業을 어찌 하려고?

언어와 문자는 언어 이전의 언어이고
문자 이전의 문자이거니
생각한 것을 이 글, 이 문장에 담고
이 글, 이 문장에 담긴 내용을
온전하게 소화할 수 있어야 하겠지요.

아, 나와 그대여!
위대한 우리 민족이여!

문자여!

소중함이여!

아, 우리 한글이여!

거룩한 성왕聖王 세종世宗이시여!

시始제制문文자字
내乃복服의衣상裳

0085 **이에 내** 乃

0086 **옷 복** 服

0087 **옷 의** 衣

0088 **치마 상** 裳

처음으로 상형문자 생긴이래로
상의하상 만들어서 입게하였네

단벌 신사란 노래가 있었지요.
기억으로는 내가 절에 들어오기 전,
이미 유행한 노래로 알고 있습니다.
곧잘 따라 부르기도 했는데
42년이 꽉 차다 보니
가사도 다 잊어버렸지 뭐겠습니까?

문文은 정장한 매무새를
정면에서 이미지화한 글자입니다.
양쪽 어깨에는 뽕을 집어넣어
한껏 멋을 낸 의상衣裳이지요.
토마스 칼라일Thomas Carlyle,
그는 영국의 역사가며 평론가입니다.
1795년 스콜틀랜드에서 태어나
1881년 86세를 일기로
에클페칸 묘지에 방 한 칸 내기까지
1834년, 《프랑스 혁명사》를 쓰고
1838년에는 《의상철학》을
1841년에 《영웅숭배론》을 발표했습니다.

그가 세상과 작별을 고한 지 108년입니다.
나는 1989년 여름이 다 갈 무렵

서울 종로구 봉익동 대각사에 머물면서
그의 《의상철학》을 접하고 진한 감동을 받았습니다.
당시로서는 우리말 번역본이 없었기 때문에
나는 일역본日譯本을 구해 읽었지요.
소설이면서도 소설 같지 않은 소설
그의 이 책은 정말 괜찮은 책입니다.

그의 《의상철학》을 읽지 않더라도
이 지구상의 모든 생명 가운데
사람을 제외하고는 그 어떤 존재도
태어나는 순간부터 삶을 마감할 때까지
단벌 신사로 살아갑니다.
몸에 어울리게 옷을 만들어 입는다는 것
때와 장소 따라 옷을 갈아입는다는 것
이는 바로 인간만이 지닐 수 있는
문화고 문명이고 철학입니다.

하여 문화文化culture란
삶에 예술과 철학을 입힘이고
거기에 문학을 살짝 곁들임입니다.
그리고 문명文明civilization은
손재주를 통한 기술을 입힘입니다.

생활에서는 검소하라 가르치는
스님네 의상 문화에도 단벌옷이란 없습니다.
삼의일발三衣一鉢 시스템입니다.
생명에게 있어서 먹는 일보다 큰 게 있을까요.
입지는 못할망정 먹기는 해야지요.
그런데 바리때는 한 벌이고
옷은 세 벌을 지니라 하였습니다.

인류 생명의 역사에서
본능적으로 먹고 마시는 게 먼저고
입는 일은 아주 나중의 일입니다.
그런데 어찌하여 부처님께서는
어떻게 먹을 것인가와 마찬가지로
어떻게 입을 것인가를 말씀하셨을까요?
바로 인간이기 때문입니다.

위에서도 언급했습니다만
사람이기 때문에 부끄러움을 타게 되고
제 몸을 가릴 줄 알게 되었습니다.
추위와 더위로부터 몸을 보호하고
가시덤불로부터 자신을 보호하기 위해
옷을 입었을 수도 있습니다.

그러나 문화의 척도는 옷입니다.

우리는 문명인과 미개인을 가릴 때
단지 옷매무새 하나만으로
판단의 기준을 삼지 않던가요?
무엇을 먹고 마시느냐보다
어떻게 입었느냐로
무엇을 입었느냐보다
어떤 철학을 가졌느냐로
나중에 점차 바뀌기는 했습니다만

0085 이에 내乃

乃

이 글자는 삐칠 별丿 부수이며
총 획수는 2획입니다.
보통 도움씨助詞로 쓰고 있습니다.
노 젓는 소리를 표현할 때는
'내'가 아니라 '애'라고 발음합니다.

아무리 청산유수라 하더라도
더러는 말이 막힐 때가 있습니다.
그때 내는 소리가 "에~에~"입니다.
일본 사람들은 "아노ano"를,
서양 사람들은 "암am"을 즐겨 쓰지요.

1993년 가을 열반에 드신 성철 큰스님께서는
법문하실 때 "말하자면 말이제~"를 잘 쓰셨지요.
말이 입에서 술술 나오지 않고
막히는 상태에서 쓰는 도움씨助詞입니다.

이에, 곧, 그래서, 더구나, 도리어, 또, 비로소
뜻밖에, 다만, 만약, 겨우, 어찌, 이전에, 너, 당신
그대, 이와 같이, 이로부터, 예서부터 따위와
노 저으며 내는 소리(애)
노 젓는 소리(애)로 새기고 있습니다.
가령 '내지乃至'라고 했을 때
이는 '부터 내乃'~ '까지 지至'입니다.
내乃 자 대신 자自 자를 쓰기도 합니다.
이 경우의 자自 자는 내乃 자와 마찬가지로
'부터 자自' 자로 새기고 있습니다.

0086 옷 복/입을 복/먹을 복服

服

옷 복服 자는 옷이라는 이름씨보다
입다, 마시다, 따르다, 일하다, 차다, 생각하다
사용하다, 쥐다, 다스리다, 메우다, 익숙해지다
물러나다, 기다, 들어맞다, 항복하다, 굽히다 따위처럼
대개 움직씨로 쓰이는 경우가 많습니다.

옷服은 몸月에 걸치는 것으로써
그의 신분을 나타내는 제복卩에서 시작되었으며
여기에 다시又 멋진 꾸밈을 더해 옷이라 한 것입니다.
라틴어에서 온 패션fashion이란 말이
이를테면 '만드는 일'이고 '꾸밈'이듯
몸을 꾸미는 장신구까지도 다 옷입니다.

토마스 칼라일의 생각에 따르면
겉옷, 속옷, 모자, 양말, 스타킹, 목걸이, 반지
스카프, 메니큐어, 페디큐어, 두발, 가면, 단추, 스틱
호신용 검까지도 다 옷에 해당합니다.

여성용 머리장신구인 비녀에 있어서도
사대부 집안 여성과 궁중의 비와 빈은 달랐습니다.
삭발한 스님 모습이나, 상투를 튼 모습이나
콧수염, 턱수염, 구레나룻을 길렀거나
들고 있는 단주, 목에 건 백팔염주
짚고 있는 석장이나 주장자
손에 든 죽비, 요령, 경쇠, 목탁
원로 대덕이 들고 있는 불자拂子까지도
모두 다 의상衣裳에 들어간다는 사실입니다.
그의 신분을 나타내고
종족과 국적을 나타내고
멋지게, 아름답게, 독특하게 드러내는 것은
모두가 옷에 해당합니다.

반지로 기혼旣婚과 미혼未婚을 가립니다.
어느 손가락에 끼었느냐에 따라
네버 터치 미never touch me
돈 터치 미don't touch me
프리 터치 미free touch me라는
의사 표시를 극명克明히 드러냅니다.

이게 무슨 의미를 지녔냐고요?

왼손의 넷째손가락에 낀 반지는
절대 다가오지 마세요.
가운뎃손가락에 낀 반지는
다가오지 마세요.
집게손가락에 낀 반지는
마음껏 다가오세요란 뜻이랍니다.

배지badge 하나로
그가 국회의원인지 도의원인지
같은 회원membership인지
구별이 될 수 있다면 그 역시 옷입니다.
목사님과 신부님을 구별함도
전체의 어느 한 부분으로 가능하지요.

나는 동국대 불교대학원에서
불교미술사학을 연구하다가 그만 두었지만
불 보살상을 구분하는 기준이
손에 들고 있는 물건이 무엇인가
손 모습이 어떠한가
손가락은 어떻게 표현하는가
타고 있는 동물은 뭘까 따위입니다.

고구려 백제 신라 인의 옷이 다르고
통일신라 인의 옷이 다릅니다.
후고구려, 후백제가 다르고
고려 복식이 다릅니다.
조선조에 이르러서도
초기, 중기, 후기 의상이 죄다 다릅니다.

서양의 패션 역사도 다양합니다.
고대 이집트 시대로부터
고대 그리스 시대
고대 로마 시대
비잔티움 시대
르네상스 시대
바로크 시대
로코코 시대
나폴레옹 시대 등
시대에 따라 패션은 계속 진화합니다.

0087 옷 의衣

衣

옷과 관련된 한자는 많습니다.

옷 복服/옷 의衣/치마 상裳 외에

옷 지褷/옷 조襙/옷 답褟/옷 순𧛓/옷 이름 궐屈

옷 이름 단褖/인연 연과 같은 자/옷자락 꽂을 힐襭

옷자락 자齌/가지런할 제와 같은 자

옷이 좋은 모양 니袮 등이 있습니다.

옷 두툼할 제褆/한 벌의 옷 농襛/해진 옷 여袽

누더기 남襤/옷 스치는 소리 록禄/옷 해질 뢰襰

옷 치렁거릴 나袲/옷의 광택 영褮/옷 치렁치렁할 비裶

옷소매 도裪/옷소매 폭 행裄 따위입니다.

이 중 옷 의衣 자가 대표적이지요.

옷 의衣 자를 자세히 보노라면 영락없이

일본 무사가 옆으로 앉아 있는 모습입니다.

꼭 《겐지모노가타리》의 속표지를 보는 느낌입니다.

아무튼 옷 의衣 자는 옷의 총칭이며

겉옷을 표현한 것입니다.

겉옷 중에서 아랫도리가 아닌 윗도리며
한복으로 치면 마고자보다 두루마기입니다.

궁중의 대례복을 보는 느낌이고
스님네로 말하면 빳빳하게 푸새하여 다린 동방
모시 장삼을 입고 앉은 모습입니다.
아무리 보아도 품위가 있습니다.

0088 치마 상裳

치마 상裳 자는 옷 의衣가 의미소고
숭상할 상尙 자가 소릿값입니다.
상尙 자의 뜻은 모두冂가 한 목소리口로
마음을 모아小 제사하는 모습입니다.
그래서 입구口 자를 뺀 상尙 자는
집堂이나 사당堂과 분명 관련이 있습니다.
그리고 패거리黨와 연결되지요.

아무튼 치마 상裳 자는 아랫도리를 뜻하며
치마형 옷이 모두 이에 해당합니다.
두루마기, 장삼, 긴 치마, 짧은 치마, 원피스
인도 스리랑카인들의 사리Sari, 도띠Doti
무슬림의 칸드라에 이르기까지 다 치마입니다.

판사의 법복, 대학졸업식장의 학위 수여복
교황님 신부님의 미사복에 이르기까지
모두가 치마입니다.
세상에는 치마 입은 자가
바지 입은 자보다 훨씬 더 많습니다.
바지는 몸의 옷이고, 치마는 정신의 옷입니다.

추推**위**位**양**讓**국**國

유有우虞도陶당唐

0089 **밀 추** 推

0090 **자리 위** 位

0091 **사양할 양** 讓

0092 **나라 국** 國

임금자리 나라까지 선양한이는

도와당과 우의제왕 요순이되고

0089 밀 추推

推

푸쉬Push라는 표시는 아시지요?
사람이 많이 드나드는 곳
호텔 백화점 할인 마트 문 등에는
이 표시가 되어 있습니다.
문을 '밀라'는 뜻입니다.
지금은 중국의 영향이 커지면서
'투웨이推Tui'라는 표시도 함께 붙어 있습니다.

여기서 웨이드식으로 표시하면
추推는 '투이tui'가 맞습니다.
그런데 왜 '투웨이'라 썼느냐고요.
로마자를 빌어 표기하는
웨이드 자일스Wade-Giles 방식과 달리
쭈인푸하오注音符號Zhuyinfuhao로 읽으면
분명 '투웨이'가 맞습니다.
나는 웨이드보다 중국어 발음만큼은
쭈인푸하오가 본래 발음에 가깝다고 봅니다.

반대로 당겨야 열리는 문은
푸쉬가 아니라 풀Pull입니다.
드로우Draw라고 한 곳도 있지만
대체적으로 '풀'입니다
'드로우?' '드러와' '들어와'
아하! '어서 들어와요.'의 뜻이었구나.

한자로는 당길 만挽 자를 쓰지요.
당겨야 하는 문을 밀 때
밀리지 않는 장치가 있거나
바닥이 걸릴 경우이고
밀어야 하는 문도
당겨서는 안 되는 이유가 있습니다.

자동차에 전륜前輪이 있는가 하면
후륜後輪이 있습니다.
고속도로처럼 곧고 넓고
경사도가 적은 도로일 경우는
후륜 자동차가 더 부드럽다 하고
가파른 길을 오르거나 눈길을 달릴 때는
전륜이 더 힘을 낼 수 있다는데
요즘 자동차 기술이 얼마나 뛰어납니까.

눈길에서 전륜이 더 잘 달리고
후륜은 설설 기겠습니까?

다시 말해서 전륜 자동차는
손수레를 앞에서 끌 듯
중심이 되는 동력이 앞바퀴에 전달되고
후륜은 손수레를 뒤에서 밀듯
동력이 뒷바퀴에 전해진다는 것입니다.
장단점이 있기야 하겠지만
고급 승용차일수록 동력 장치가
뒷바퀴에 힘을 실어 구르게 하는
후륜 자동차라 하더군요.

이처럼 비유를 들면
밀 추推 자는 후륜이 될 것이고
당길 만挽 자는 전륜이 되겠습니다.
일반적으로 미닫이가 아니고 여닫이라면
물리의 세계에서 생각하더라도
사람이 걸어가는 방향으로
계속 미는 게 힘이 덜 듭니다.
여기에는 몸의 중력까지 실리니까요.
만약 당겨야 한다면

움직이고 있는 방향 쪽으로의
운동에너지가 정지되고
힘을 써서 문을 당긴 뒤
당기던 쪽의 에너지를 다시 멈추고
반대로 나아가야 하기에
에너지 소비량이 의외로 많습니다.

한 예로 달리고 있는 방향에서
속도를 약간 줄여 통과하는 하이패스 시스템이
표를 뽑기 위해 게이트에 서야 하고
통행료를 정산하기 위해
다시 한번 게이트에 서게 되면
일산화탄소 배출량이 많아질 수밖에요.
게다가 표 뽑을 때와 정산할 때
달리던 차를 멈춤으로써
소비되는 운동에너지와 함께
멈추었던 차가 다시 달리려면
관성의 법칙으로 인해
시간 소비도 여간 만만치 않을 것입니다.

나는 아직 자동차에
하이패스 장치를 달지는 않았습니다.

지금까지 살펴본 경우에서라면
하이패스 장치를 설치해야겠습니다.
그런데 미루는 이유가 있습니다.
일자리가 줄어들기 때문입니다.

모두가 하이패스 차량이라면
앞서 본 배출가스의 축소, 운동에너지 감축
관성의 유지로 인해 시간 절약 효과도 있고
게다가 하이패스 통과 요금이
몇 %인지는 모르나 좀 저렴합니다.

그래도 나는 생각합니다.
만약 이러다가 고속도로 게이트의
요금 정산 일자리마저 줄어들면
이들은 또 어디로 가야 하지?
하는 생각 때문입니다
좀 우습게 느껴지십니까?
비록 작은 일자리일망정
자꾸 없어지는 것은 좀 그렇습니다.

내용이 선이든 악이든
내게서 상대에게로 미는 것은

집착보다는 비움에 가깝고
내게로 끌어당긴다는 것은
비움보다는 집착에 가깝습니다.

밀 추推 자나 당길 만挽 자나
의미소로 재방변扌을 두고 있습니다.
손으로 밀고 손으로 당기니까요.
밀 추推의 추隹가 소릿값이듯
당길 만挽의 면免도 소릿값입니다.
새 추隹 자, '추隹'는 두견과의 뻐꾸기와
비둘깃과 산비둘기로 꼬리 짧은 새입니다.

면免은 임산勹부儿가
산도穴를 통해 아기를 낳는 모습입니다.
아기를 낳고 나면 고통과 함께
시름을 면免한다 하여 쓴 자입니다.
당길 만挽 자는 나오지 않지만
밀 추推 자로 인해서 살펴본 것입니다.

그런데 정말 당김은 집착이고 밈은 비움일까요?
이는 그냥 나의 풀이일 따름입니다.
자연물리 법칙에서 보더라도

밀고 당김이 조화로울 때
중도는 이루어지고 탈이 없습니다.

독수리 제비 등을 비롯하여
심지어 하늘을 나는 비행기까지도
힘의 균형으로 날아오르고
목적지를 향해 날고
방향을 틀고, 높낮이를 맞추며
마침내 목적지에 내릴 수 있습니다.
균형을 필요로 하는 힘이 무엇일까요?

앞에서 저항하는 힘
뒤에서 미는 힘
위에서 누르는 힘
밑에서 띄우는 힘입니다.
이들을 네 가지 힘이라 합니다.
지금까지 알려진 힘은 이러합니다.

항력抗力Drag Reaction
추력推力Thrust Force
중력重力Gravitaction
양력揚力Lift Force이지요.

항력에는 추력이 들어 있고
추력에는 항력이 들어 있으며
중력에는 양력이 들어 있고
양력에도 중력이 들어 있습니다.
저항에는 미는 힘이
미는 데는 저항하는 힘이
누름에는 띄우는 힘이
띄움에는 누르는 힘이 들어 있습니다.

0090 자리 위位

자리란 벼슬자리입니다.
조정에 서立 있는 사람人입니다.
본디 신위神位에서 왔는데
제사를 모실 때 영정 대신
위패位牌를 모신 데서 기인합니다.
영정을 모시면 간단한데
어째서 지방紙榜을 썼을까요.

그러나 그게 말처럼 쉽지 않았습니다.

요즘은 카메라 기술이 발달되고
컬러 프린터로 인쇄가 쉬운 까닭에
문제가 전혀 없습니다만
예전에는 서민들은 물론이고
웬만한 양반집에서도
초상화를 그린다는 것이
그렇게 쉬운 게 아니었습니다.
그러니 지방을 모실 수밖에요.

자리를 밀어줍니다.
작은 나라 제후 자리가 아닌
천자의 자리, 황제 자리를 넘김이
아무리 생각해도 보통이 아닙니다.
국회의장을 비롯하여 여야 국회의원들이
국회 여는 것을 기피하는 것이
정치평론가들의 말처럼 술수 때문일까요?

여야 없이 국회의원으로서
자신을 뽑아준 국민과
국민의 살림살이는 아예 뒷전입니다.

현 정권이 국민들로부터 신뢰를 잃고
경제가 파탄이 나면 날수록
총선에서, 또는 차기 대선에서
고지를 선점할 수 있기 때문일까요?

정말 그렇다고 한다면
점잖은 입으로 차마 욕은 할 수 없고
그가 여든 야든 그런 자가 또 나온다면
그가 속한 정당까지도
절대로 표를 주어서는 안 됩니다.

0091 사양할 양讓

말씀언변言에 도울 양褱 자인데
본디 말싸움이고 논쟁이고 언쟁이지요.
나중에 겸손과 사양의 뜻으로
양보의 뜻으로 쓰이게 되었습니다.
여기서는 황제 자리를 넘김입니다.

갖추어 입은衣 두 사람口口이

주군主의 자리를 놓고 서로 밀어주기 바쁘기에

임금 주主 자 2자가 나란히 놓인 것이지요.

0092 나라 국國

나라로서의 자격을 다 갖추려면

3가지 요소가 필요합니다.

첫째 주권입니다.

둘째 국민입니다.

셋째 영토입니다.

나라 국國 자에는 이들 3요소가 들어 있습니다.

우선 무엇보다 영토口가 있습니다.

다음으로 그 영토 안에 국민或이 있습니다.

혹或은 '어떤 사람口'으로 국민의 대명사입니다.

그리고 그들 국민들 속에서

국방과 경호와 치안戈을 책임지고

나라 살림을 꾸려가는

주권—까지 함께 들어 있습니다.

추推위位양讓국國

유有우虞도陶당唐

0093 있을 유 有

0094 나라 우 虞

0095 질그릇 도 陶

0096 나라 당 唐

임금자리 나라까지 선양한이는

도와당과 우의제왕 요순이되고

0093 있을 유有

有

0

0

9

3 있을 유有

'유有'의 정체가 무엇입니까

공간空間?

시

간

時

間

?

존재

存在

?

0094 나라 우虞

염려할 우/나라이름 우

중국 태고의 천자 순舜의 성입니다.

0095 질그릇 도/사람이름 요陶

질
그
릇
도
陶
陶
요
름
이
람
사

잿물을 덮지 아니한,
진흙만으로 구워 만든 그릇, 질그릇
도공, 옹기장이
고요皐陶, 중국 고대 전설상 인물
[도陶, 사람 이름으로 쓸 때는 '요'로 발음]
달리는 모양

뒤따르는 모양, 긴 모양

질그릇을 굽다, 빚어 만들다

기르다, 기뻐하다, 즐거워하다

근심하다, 속을 태우다, 우울해하다

울적하다, 허망하다, 파다

0096 당나라/당황할 당唐

唐

여우위有虞youyu는
순舜shun임금의 아이디며
국호 야오탕陶唐yaotang은
야오堯yao임금의 아이디며
국호 천자天子 야오堯,
곧 야오탕陶唐임금은
부족한 아들 딴쥬丹朱danzhu에게
황제 자리를 물리지 않고
현명한 순舜에게 양위하였습니다.

천자 순임금 곧 여우위有虞임금은
친아들 시앙쮠商均shangjun이
천자로서는 역시 적합하지 않다고 여겨
현명한 위禹yu에게 양위하였지요.
타오탕陶唐taotang이라 발음하지 않고
야오탕陶唐yaotang으로 읽습니다.

전
설
상
에
서
만

가
능
한

얘
기
겠
지
요
?

웬걸요! 그렇지 않습니다.
야오쑨yao-shun堯舜보다는 좀 늦지만
이미 우리 불교계에서는
벼슬자리보다 천자黃帝 자리보다

훨씬 더 귀중하고 소중한

생명의 다르마Darma法를 물려주셨습니다.

서가모니 부처님께서는 무량한 과거 세상 연등불 처소에서

기라성 같은 연등불 제자들이 있었지만

연등 부처님은 서가모니에게

생명보다 귀한 법을 전하셨습니다.

역대조사 천하종사들 가운데는

당신의 직계 상좌가 아닌

전혀 엉뚱한 납자에게 법을 전했습니다.

동봉스님의 천자문 공부 1권

발행 2023년 3월

지은이 동봉 스님

펴낸곳 도서출판 도반
펴낸이 김광호
편집 김광호(월암), 이상미(다라), 최명숙
대표전화 031-983-1285
이메일 dobanbooks@naver.com
홈페이지 http://dobanbooks.co.kr
주소 경기도 김포시 고촌읍 신곡리 1168